ISO 29990
国际职业教育质量管理标准研究与应用

（修订版）

主　编⊙吴俊强
副主编⊙吴　琼　杨　华

广东高等教育出版社
Guangdong Higher Education Press
·广州·

图书在版编目（CIP）数据

ISO 29990 国际职业教育质量管理标准研究与应用/吴俊强主编. —广州：广东高等教育出版社，2016.11（2019.5）

ISNB 978-7-5361-5737-8

Ⅰ. ①I… Ⅱ. ①吴… Ⅲ. ①职业教育-质量管理体系-国际标准 Ⅳ. ①G71-65

中国版本图书馆 CIP 数据核字（2016）第 228004 号

ISO 29990 GUOJI ZHIYE JIAOYU ZHILIANG GUANLI BIAOZHUN YANJIU YU YINGYONG

出版发行	广东高等教育出版社 地址：广州市天河区林和西横路 邮政编码：510500　电话：（020）87554152　87551163 http：//www.gdgjs.com.cn
印　刷	佛山市浩文彩色印刷有限公司
开　本	787 毫米×1 092 毫米　1/16
印　张	9.5
字　数	170 千
版　次	2016 年 11 月第 1 版　2019 年 5 月第 2 次印刷
定　价	24.00 元

序

  我国目前已建立起世界上规模最大的职业教育体系，职业教育发展战略已走向内涵与质量提升阶段。党的十九大提出："完善职业教育和培训体系"，高质量发展，全面实施质量强国战略。"完善职业教育和培训体系"建设的核心和关键是制度体系建设，作为职业教育质量保障的重要基础和手段的质量管理体系建设是职教领域几十年来一直在探索和未竟的重要课题。我国职业院校在构建院校质量管理体系时，大多根据自身认知水平和管理经验，这种单打独斗的做法缺少管理理论的指引，管理体系设计科学化、系统化不足，现代管理方法应用不够。

  "标准决定质量，有什么样的标准就有什么样的质量，只有高标准才有高质量。"通过标准实施加强和改进政府质量治理能力、宏观管理，也是贯彻和落实国务院《关于加强质量认证体系建设促进全面质量管理的意见》（国发〔2018〕3号）中提出的"大力推广质量管理先进标准和方法"的要求。

  国际标准化组织于2010年颁布的职业教育领域的质量管理标准ISO 29990已在德国等欧盟国家得到广泛应用，在我们国内也已有职业院校、社会培训机构、教育服务企业等应用其构建质量管理体系，开拓了国内国际标准化应用实践层面的新局面。

《ISO 29990 国际职业教育质量管理标准研究与应用》是国内第一本全面介绍 ISO 29990 职业教育质量管理标准的专著，着重介绍了此标准的发展和应用，并结合现代管理理论进行解读，同时将标准这几年在职业教育领域的应用做了重点阐述。本书是国际标准与职业教育结合应用的范例成果，也为中国约 1.23 万所职业院校教学质量管理及构建教学质量管理体系提供了很好的借鉴和参考。

国家督学、中国教育发展战略学会执行会长

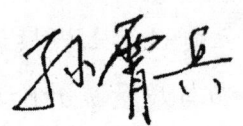

前 言

2010年9月,全球第一个职业教育质量管理体系ISO 29990由国际标准化组织ISO正式推出。它的产生,为职业教育提供了一个国际公认的质量管理标准,为职业教育国际化发展提供了一个通用平台,加快了各国间职业教育的交流,为世界贸易组织(WTO)教育服务贸易的发展提供了又一个支持通道。

目前,我国已成为世界上职业教育规模最大的国家。到2018年,我国职业院校约1.23万所,为改革开放和经济发展培养了数以亿计的各类技术技能人才。当职业教育进入发展的新时期,如何响应国家提出的高质量发展要求,提升职业教育质量,这时借鉴国际质量管理标准,构建、完善职业教育质量管理体系成为职业院校新的历史使命。党的十八届二中全会曾提出:"加强技术标准体系建设,将标准纳入国家基础性制度建设。"2015年3月,国务院颁布《深化标准化工作改革方案》,实施标准体系和标准化管理体制改革。2018年,国务院印发《关于加强质量认证体系建设促进全面质量管理的意见》(国发〔2018〕3号)提出:积极采用国际先进质量管理标准,将国际先进质量管理方法结合中国实际加以改造提升。在这一文件中，首次提出教育领域的标准化建设，即创新自愿性认证制度，大力推行高端品质认证，开展教育、体育、金融、电商等领域服务认证。

我们也欣喜地看到，本书出版3年多来，ISO 29990 国际职业教育质量管理标准已在国内职业教育与培训领域产生广泛影响，受到中国职业技术教育学会、中国教育发展战略学会、广东职业技术教育学会的高度关注。通过艾斯欧（北京）认证有限公司等的推广，先后有中山火炬职业技术学院、江苏省昆山第一中等专业学校、上海人从众教育培训有限公司、广州优标教育科技有限公司等众多职业院校、培训和教育服务机构引入及应用 ISO 29990，构建质量管理体系，在职业教育领域产生了积极影响。

本书在第一版全面介绍 ISO 29990 的基础上，重点对标准与国内职业教育管理特点的结合应用进行了修订，并介绍了这几年来推广应用的实践及案例，可供职业院校、社会培训机构、教育服务企业等组织的教育管理者、教师，以及职业教育研究者学习参考。

编 者

2019 年 5 月

目 录

第一章　职业院校教学质量管理体系建设与发展 …………… 1
- 第一节　中国职业教育质量管理的主要发展轨迹 ………………… 2
- 第二节　职业院校质量管理与保障体系的主要特点 ……………… 16
- 第三节　新时期职业院校质量管理体系建设的历史任务 ………… 19
- 第四节　职业院校教学质量管理体系建设发展展望 ……………… 22

第二章　ISO 29990 职业教育质量管理体系的起源与发展 ………… 30
- 第一节　ISO 9000 国际质量标准的产生与全球化发展 …………… 31
- 第二节　ISO 9000 国际质量标准在教育领域的应用 ……………… 40
- 第三节　ISO 29990 国际职业教育质量标准的起源 ………………… 45

第三章　ISO 29990 职业教育质量管理体系的理念与内涵 ………… 55
- 第一节　源自德国职业教育管理的理念 …………………………… 55
- 第二节　ISO 29990 职业教育质量管理标准的特点 ………………… 58
- 第三节　ISO 29990 职业教育质量管理标准的内涵 ………………… 61

第四章 ISO 29990 职业教育质量管理标准的条款与解读 …………… 73

第一节 范围 ……………………………………………………… 75
第二节 术语及定义 ……………………………………………… 75
第三节 学习服务 ………………………………………………… 79
第四节 学习服务提供者的管理 ………………………………… 94
第五节 附录 ……………………………………………………… 105

第五章 ISO 29990 职业教育质量管理体系案例 ………………… 109

第一节 从 ISO 29990 质量标准到构建质量管理体系的路径 ………… 110
第二节 ISO 29990 国外应用案例 ……………………………… 121
第三节 ISO 29990 质量管理标准国内应用案例 ……………… 125

参考文献 ………………………………………………………………… 143
后　记 …………………………………………………………………… 144

第一章
职业院校教学质量管理体系建设与发展

2014 年,国务院提出了新的《国务院关于加快发展现代职业教育的决定》(国发〔2014〕19 号)。为加快发展职业教育,提升职业教育质量,建立常态化的职业院校自主保证人才培养质量的机制,教育部 2015 年连续出台了《教育部办公厅关于建立职业院校教学工作诊断与改进制度的通知》(教职成厅〔2015〕2 号)和《教育部关于深化职业教育教学改革全面提高人才培养质量的若干意见》(教职成〔2015〕6 号)两个文件。提出"建立常态化的职业院校自主保证人才培养质量的机制……逐步在全国职业院校推进建立教学工作诊断与改进制度,全面开展教学诊断与改进工作"。要求院校要强化教学规范管理;要适应技术技能人才多样化成长需要,针对不同地区、学校实际,创新方式方法;切实发挥学校的教育质量保证主体作用,不断完善内部质量保证制度体系和运行机制。从两个文件的出台可以看出:院校建设自身教学质量体系是新时期国家对职业院校提出的新的战略目标和任务。

保障和提高教学质量是职业院校永恒的价值追求,是加强职业教育内涵建设的主要任务。中国职业教育在经过了几十年的规模发展后,职业院校的质量管理与体系建设显然相对滞后。职业院校如何构建自身的教学质量监控体系?他山之石,可以攻玉。在我国职业教育面临加强质量管理的新的历史任务之际,来自职业教育先进国家的管理经验和国际职业教育管理标准应是我们可借鉴的重要参考。

第一节　中国职业教育质量管理的主要发展轨迹

职业教育质量管理是围绕职业教育人才培养和质量不可或缺的重要内容。在中国职业教育发展的历程中，从质量管理及体系建设方面来看，职业院校较为规范，而社会培训机构相对滞后。这其中，高职院校作为职业教育的引领和骨干力量，一直走在前面。无论是国家宏观层面的管理还是院校层面的建设，高职院校和部分国家重点中等职业学校及少数省级重点中职学校都可谓较为规范和完善。虽然目前的质量管理手段和效果还远远满足不了社会、国家对职业教育的期望和要求，但一直都处于探索、建设当中。

一、高职院校的教学质量管理

世纪之交，我国经济快速发展，社会加快转型，人民群众对高等教育需求和高等教育资源供给的矛盾日趋突出。1999 年，中共中央国务院颁布《关于深化教育改革全面推进素质教育的决定》（以下简称《决定》）。《决定》明确提出"高等职业教育是高等教育的重要组成部分，要大力发展高等职业教育"，高等职业教育作为职业教育的引领力量随即迎来大发展，成为那一时期我国高校扩招的主力军，招生规模连年增长，为中国高等教育大众化、国家教育发展、经济发展做出了重要贡献。

截至 2015 年，中国高等职业院校已达 1 300 多所，其为改革开放和经济发展培养了大量的高技能人才。"高等职业教育是中国对世界职业教育的特有贡献"（姜大源）。高等职业教育作为高等教育发展中的一个类型，肩负培养面向生产、建设、服务和管理第一线需要的高素质技术技能型专门人才的任务，在我国推进工业化、城镇化和新农村建设中具有不可替代的作用。在国家职业教育的发展历程中，高等职业教育作为引领职业教育发展的骨干力量，其质量及质量管理始终是院校建设的重要内容之一。从 2003 年开展的人才培养工作水平评估到近年开展的院校数据平台监控，再到高职年度质量报告，在宏观管理层面上对高职教育的教学质量管理和监控正在不断地完善和加强。

（一）高职人才培养工作水平评估

当高等职业教育经过最初几年的扩招，发展至 2002 年底时，中国独立设置的高职院校已达 760 多所，在校学生数已达 200 多万人，正处于调整扩招和发展阶段。但随之而来的是快速扩招中凸显出的矛盾，如办学条件不足、人才培养质量与社会要求和期望的差距，成为发展过程中的主要问题。为此，借鉴英国等国家关于高等教育的评估管理方法，国家开展了高等院校的评估工作。

教育部从 2003 年起对全国 26 所高职高专院校进行了人才培养工作水平评估的试点工作；2004 年下发《教育部办公厅关于全面开展高职高专人才培养工作水平评估工作的通知》（教高厅〔2004〕16 号），开始了全国高职高专院校的评估工作。这是从国家层面对高职院校办学条件、人才培养水平和质量的大检查。

2004 年，《教育部关于以就业为导向深化高等职业教育改革的若干意见》（教高〔2004〕1 号）明确了高等职业院校必须坚持的办学方针和培养目标，即以服务为宗旨，以就业为导向，走产学研结合的发展道路，主动适应经济和社会发展需要，以就业为导向确定办学目标，找准学校在区域经济和行业发展中的位置，加大人才培养模式的改革力度，坚持培养面向生产、建设、服务、管理第一线需要的"下得去、留得住、用得上"、实践能力强、具有良好职业道德的高技能人才。

2005 年，教育部出台了《教育部关于进一步推进高职高专院校人才培养工作水平评估的若干意见》（教高〔2005〕4 号），并提出了"以评促建、以评促改、以评促管、重在建设"的 16 字方针。根据教育部《高等职业院校人才培养工作评估方案》，各省（区）、地均制定了人才培养工作评估实施细则，全面展开高职高专院校人才培养工作水平评估。

截至 2007 年底，办学历史较长、办学条件相对较好的高职院校大都接受了人才培养工作水平评估，其优秀的通过率相对较高。总体上看，第一轮高职高专院校人才培养工作水平评估处于世纪之交，及一大批高等职业院校相继问世的背景下，评估的重点侧重在办学条件、规范管理等方面，执行的是全国统一的评估方案。但从评估过程中也发现了一些问题，如全国一个尺度，缺乏地方办学的考量，评估指标量评投入，专家组组成单一，未能适应校企合作、工学结合的发展趋势；程序化较为明显、条框痕迹重、重硬件轻内涵等。

在总结前面经验的基础上，2008年，为贯彻《关于全面提高高等职业教育教学质量的若干意见》（教高〔2006〕16号）文件精神，高等职业教育从规模发展转向内涵建设，以提升质量为主，针对评估中存在的问题，高职领域进行了多次的反思和研讨，出台了新的评估方案。新的评估方案把16号文件精神贯穿于整个评估过程，指标体系与数据平台相结合；引入了多元评估主体，采用了灵活多样的形式；淡化结论等次，注重实际成效；引导学校把重点放在内涵建设；引导学校逐步形成良好的运行机制。再次提出了：高等职业院校要强化质量意识，尤其要加强质量管理体系建设，重视过程监控，吸收用人单位参与教学质量评价，逐步完善以学校为核心、教育行政部门引导、社会参与的教学质量保障体系。

2008年教育部公布第二轮评估方案——"人才培养工作评估"，是在国家指导性方案的基本框架下，由各省根据本地的实际制定实施细则并组织实施。到2013年接近尾声，已完成评估的院校接近80%，部分省份已全面完成评估任务。

高职高专院校人才培养工作水平评估的效果主要体现在：

（1）引导举办者加大对高等职业院校的投入力度，改善了学校基本办学条件。随着高等教育大众化进程的加速，高职院校连续数年扩大招生，很多院校在扩招后办学条件出现下降的情况，教学质量难以保证，因此，高等职业院校面临着质量与社会期望的巨大考验。

（2）引导高等职业院校规范办学行为，促进了学院的规范管理和健康发展。高等职业院校绝大多数是从中职学校升格而成，学校办学条件差，管理基础薄弱，高等职业教育办学理念还不成熟，办学定位还不准确，办学目标还不清晰，这些都是影响高等职业教育快速、健康发展的重要因素。

（3）引导教育行政部门和院校加强对人才培养工作的重视，保证了人才培养质量。面对高等教育连年扩大招生和高等职业院校办学规模的急剧膨胀，院校举办者、教育行政部门和院校面临的是教学基础条件问题，对专业建设、课程开发、人才培养模式改革等内涵建设还没有投入主要精力，质量管理与体系建设更是没有提到议事日程上。

（4）评估有力促进了中国高等职业教育办学条件的改善和人才培养质量的提高；促进了高职高专院校办学基础条件的改善，促进了管理的规范；促进了人才培养质量意识的提高。

高职院校的评估也还存在以下问题：关注对结果的评价，缺少过程的评价；关注考核指标，缺少内涵建设和质量的要求，评价有待加强；偏重评估方式方法的程序化及佐证材料的考核，缺少灵活机动的针对性评价。

总体上，评估极大地促进了高职院校办学条件的改善、政府投入的增加，人才培养质量的提高是社会的共识。从2016年教育部相关文件精神来看，"管、评、办"分离是今后的管理趋势。高职院校的评估也基本完成了自己的历史使命，并在促进中国高等职业教育发展史上留下了浓重的一笔。

（二）高职院校数据平台

为配合评估的结果性评价，加强高职院校办学的动态监测，2008年，教育部在公布第二轮评估方案时，启动和新引入了高职院校的数据平台建设，是高职院校办学状态的一种主要指标的量化描述工具。以期通过数据平台涵盖反映高职院校人才培养质量的主要信息，通过这一具有引导性管理平台的建设，能够促进高职院校构建完善的教学质量监控体系，促进院校建设和人才培养质量的提高。

高等职业院校人才培养工作状态数据采集平台（以下简称"数据平台"）是高等职业院校人才培养工作评估新方案的重要组成部分。自2008年新方案诞生，数据平台就独立了出来，不仅成为高职院校人才培养工作状态的反映，而且成为高职院校教学质量监控的常态管理工具。数据平台作为评估新方案的指标体系，是一个国家标准和引导性文件，它是把新方案指标体系关键外延的重点考察内容逐一进行量化，并在此基础上形成规范办学和系统化开展内涵建设的较为科学的管理平台。

数据平台设置了高职院校的主要办学指标性数据栏目，包括学院信息、办学条件、专业设置、课程体系、师资队伍、设施设备、校企合作、招生就业等，有些重要栏目设置了从教师等个体的源头采集信息，主要指标设置了自动汇总功能，具有一定的逻辑性和监控特点。在学校宏观和质量管理层面上，数据平台主要起到以下作用。

1. 提升管理水平

新方案把7个主要评估指标划分为22个关键要素，每一个关键要素都有数据库相应的编码。通过数据采集，数据平台可以真实、动态地将学院的主要办学指标呈现出来。学院管理层、教学管理部门能从数据平台中及时看到或查找与工作相关联的数据,进而反映出存在的问题,使管理者能够随时了解和掌握学校的重要情况,为管理、决策提供参考。从数据平台直接呈现的数据中也可以发现日常管理中存在的一些问题。

2. 提供院校办学的主要特征指标

数据平台的统计汇总,分为办学条件、师资队伍、专业建设、办学经费、招生就业等5个方面,共有100多个数据项,反映高职院校基本办学条件现状。对照《普通高等学校基本办学条件指标(试行)》(教发〔2004〕2号),就可以明确现状和差距。如随着招生规模的扩大,办学基本条件建设和制度措施要随之跟进,否则各项均值将被稀释。其他量化标准,也可参考全国、全省以及同类型院校等不同维度的均值数据,结合自身实际,进行重点建设,具有数据量化性、直观性的优点。

3. 成为质量保障体系的重要组成部分

数据平台是根据《普通高等学校基本办学条件指标(试行)》(教发〔2004〕2号)等文件进行设计的,涵盖了反映学校人才培养工作质量的主要信息。数据平台的建设,给高职院校的信息化管理提供了新思路,建立统一的信息管理系统将有利于促进高职院校信息资源的整合,使信息资源自发地在各个部门间进行流动,有利于改变传统的学校行政管理模式。高职院校可根据本校的具体情况研发子项目,有计划、系统地把学校管理指标融入平台中,建设适应自身发展的内部质量监控体系。

4. 平台建设的预警功能

通过对状态数据的分析,学校可以不断寻找和发现内、外部环境中可能影响教学质量和学院发展的各种先兆信息,做出科学合理的判断和决策;通过对关键数据进行分析、判断,实现目标式量化管理,形成"自我监控、自我约束、自我激励、自我完善、自我发展"的管理和质量监控机制,使其成为学校质量管理的重要辅助手段及质量管理体系的重要参考内容。

数据平台是一个新生事物,虽然从它出台后每年都推出新版本,结构和内容在不断完善,但功能的开发和数据的利用尚处于完善阶段。仍存在一些问题:一是数据的关联性不强,有些数据的填写频率较高,难免会出现数据冲突的状况;二是统计分析功能较弱,不能进行对比及均势分析;三是数据查询功能有待加强,并在易用方面进行改进。

总体而言，数据平台毕竟是图上作业，是通过数据信息观察监控院校办学的主要指标，对于院校办学理念、专业建设和课程建设、教学管理与质量监控等一些深层次的矛盾和问题，还不能直观地反映，尤其是教学环节的管理还没有涉及。

目前，数据平台已从评估时的辅助手段转变成高职院校常规性办学指标平台，并按教育部有关要求每年度（按学年）进行填报和上报，成为监控管理高职院校办学的手段之一。但也难免不同程度地存在数据平台在遇到年度填报时，全校动员，统一布置，努力达标，完成任务，但平时就束之高阁的现象。

（三）人才培养质量年度报告

2011年，北京大学等多所"985"院校陆续公布《本科教学质量报告》。2012年1月，根据《教育部关于推进高等职业教育改革创新引领职业教育科学发展的若干意见》（教职成〔2011〕12号）精神，落实文件中关于"各地和各高等职业学校都要建立人才培养质量年度报告发布制度，不断完善人才培养质量监测体系"的要求，教育部发出通知，要求各国家示范性高等职业院校和骨干高等职业院校建设单位首先上交人才培养质量2011年度报告，同时鼓励其他高职院校推荐上报本校年度报告。随后200多所高职院校陆续上交了教育部人才培养质量年度报告。

2011年高职院校人才培养质量年度报告并未规定固定的格式和内容，各院校根据自身办学情况，参照本科院校的做法，反映出院校重要的办学成果，如招生情况、就业情况、专业建设成果、人才培养改革的创新成果、校企合作成果等。大部分年度报告借助社会第三方评价，重点从学生对院校的反馈信息统计角度来佐证院校的办学成果，有一定的可信度和可比性，起到了积极的社会影响。

2011年是我国高等职业教育人才培养质量报告发布的第一年。在综合了各院校和地方高职教育质量年度报告和发展状况等情况后，教育部高职高专联席会议于2012年7月份发布了《2012中国高等职业教育人才培养质量年度报告》。报告分为概览与历程、学生与发展、学校与改革、政策与项目、成效与贡献、挑战与展望六部分。

这份首次发布的"国家版"高职人才培养质量报告显示，2011年全国高职学校达 1 276 所，占普通高校总数的 60%；招生数 325 万人，占普通高校招生总数的 47.7%。2011 届高职毕业生半年后就业率为 89.6%，基本接近本科毕业生就业率。

报告还显示了高职教育为高等教育大众化，为西部地区、民族地区、中小型企业提供人才支撑，为服务"三农"等做出的贡献情况。这种引用大量数据、案例来支持观点，每项调查都能基于大量有效样本，并确保调查的客观性和科学性的做法让社会对高职教育的贡献有了一个全新的认识。

对于学校层面的质量年度报告如何做到客观真实，正是学生及其家长们所期待的。这种与国际接轨的质量年度报告，会成为公众选择学校时极具价值的参考依据；高职院校质量年度报告整合了学校、用人单位、第三方研究机构等多方提供的信息，基本体现了以学生为中心，以就业结果为导向，从实现高等教育大众化、实现教育公平、为学生服务、为当地经济发展服务这四个方面来展现和衡量高职院校的办学质量。

以年度质量报告系统和深度个案分析为基础，各省市教育主管部门可了解当地高职教育发展的现状和趋势，发布地区年度报告，及时出台相关文件，针对年度报告系统中发现的制度性问题，以政策为杠杆，破解问题并推广经验。

政府部门通过汇总各高职院校和各省市地区的信息，完成并发布全国高职的质量年度报告，总结高职院校作为一个群体，在服务学生、服务所在社区、服务当地经济发展等方面的独特作用和价值。从全局的高度出发，出台调控政策，不断优化教育资源配置，推动各院校和各省市完善高职办学质量的保障和提升机制。

高职人才培养质量年度报告已成为从结果层面反映高职院校办学成效的常规性内容，已纳入院校年度固定的发布内容。

人才质量年度报告制度，是建立和完善学校教学质量监控与保障体系的重要手段之一，逐渐成为高等职业学校向社会展示高等教育人才培养成效的窗口。通过人才培养质量年度报告，社会及第三方机构的质量评价越来越受到重视，促使高等职业教育质量的评价主体进一步优化，评价方式方法更加完善。以第三方机构为代表的独立评价，关注行业、企业、用人单位等对教育质量的评价以及学生对教育教学的反馈。多所学校引入教育数据咨询和教育质量评价专业机构如麦可思研究院等开展第三方评价，为院校提高人才培养质量提供了参考信息。

（四）国家示范（骨干）高等职业院校建设

2005年，国务院召开第六次全国职业教育工作会议，提出建设百所示范性高等职业院校，通过重点支持部分院校，以期破解高职院校发展过程中人才培养模式改革、专业设置、校企合作等一系列突出的问题。以点带面，带动高职教育的整体办学质量的提升。

2006年，为贯彻落实《国务院关于大力发展职业教育的决定》（国发〔2005〕35号）精神，教育部出台了《教育部关于全面提高高等职业教育教学质量的若干意见》（教高〔2006〕16号），重点就高等职业教育提高质量内涵建设提出："高职院校要强化质量意识，尤其要加强质量管理体系建设，重视过程监督，吸收用人单位参与教学质量评价，逐步完善以学校为核心、教育行政部门引导、社会参与的质量保证体系。"标志着高等职业教育的工作重心发生了根本性的转变，从重点抓规模扩张转向以内涵建设为中心，重点抓教学质量，预示着我国的高职教育已进入以质量和特色求生存和发展的重要时期。为此，教育部和财政部启动了国家示范性高职院校建设，以带动高职院校内涵质量的提升。

同年，《教育部、财政部关于实施国家示范性高等职业院校建设计划加快高等职业教育改革与发展的意见》（教高〔2006〕14号）发布。示范性高等职业院校建设计划的实施，促进了人才培养模式改革，强化了高等职业教育模式改革的政策导向，引领高等职业教育走出一条不同于普通大学的类型之路，高等职业学校显示出空前活力和勃勃生机。

2010年，第二批示范性高职建设计划（100所骨干高职院校）建设计划实施。但在《教育部、财政部关于进一步推进"国家示范性高等职业院校建设计划"实施工作的通知》（教高〔2010〕8号）和《教育部、财政部关于确定"国家示范性高等职业院校建设计划"骨干高职立项建设单位的通知》（教高函〔2010〕27号）两个文件中，并没有将高职院校建立教学质量保障体系作为重点或内容之一写入文件。由此看来，校企合作、专业建设、课程开发、体制机制改革与社会服务能力建设是当时高职院校建设的核心内容。

截至2015年底，"国家示范性高等职业院校建设计划"先后分两批建设的共200所示范（骨干）高职院校全部验收完毕，项目建设圆满结束。

第一批100所示范院校建设和第二批100所国家骨干院校建设，都把重点放在了人才培养模式改革、专业与课程（课程体系）、实训条件、师资队伍、社会服务能力，尤其是骨干院校提出了体制机制改革创新的要求等方面。虽然国家层面对教学质量保障体系建设也有要求，但并没有成为示范和骨干建设中的重点内容。笔者随机抽取了2015年验收的10所骨干院校，涉及的省份有广东、江苏、山东、重庆、安徽、四川等，其中1所优秀、7所良好、2所通过。从面向社会公示的总结材料来看（高职高专网骨干验收专栏），质量保障体系建设基本没有出现在院校的建设成效中。个别院校在专业建设的内容中有提到与企业合作，吸引企业参与共同构建人才培养质量保障体系，但也与教育部关于职业院校构建质量管理体系的有关文件的要求有明显差距。

由此看来，质量管理与保障体系建设目前在高职院校中还处于初期建设阶段，这也显现了国家提出职业院校建立教学质量诊断与改进机制的及时性和重要性。

二、中等职业学校教学质量管理及体系建设

中等职业教育是我国职业教育的重要组成部分，是为经济和社会培养技术技能型人才的重要力量，也是为培养高级技术人才的基础教育。其发展水平在一定程度上也标志着国家的教育发展水平、经济水准和生产力能力。

（一）中等职业教育发展历程

由于历史的原因，中等职业学校包括普通中等职业学校、技工学校、职业高级中学、成人中专等四类专业学校。普通中等职业学校是新中国成立后在接管并改造旧中国的高级职业学校的基础上建立起来的，结合我国的情况进行一系列改革与调整，逐步发展和完善；技工学校也是在新中国成立后学习苏联的技工教育的模式等经验，结合我国实际经过改革和调整后发展起来的；职业高级中学主要是在调整中等教育结构的基础上发展起来的，大部分由原来的普通高中改造而成，有些是在普通高中开设的职业高中班；成人中等专业学校从1999年以后被纳入"高中阶段职业教育"的范畴，包括广播电视中等专业学校、职工中等专业学校、农民中等专业学校、函授中等专业

学校、教师进修学校等。①

20世纪90年代，随着招生和毕业生就业制度改革的深入，传统的4类中等职业学校的培养目标逐步趋同，办学形式也日益类似，主要是面向初、高中毕业生，城乡新增劳动者，下岗失业人员，企事业在职人员，农村劳动者及其他社会成员，开展多层次、多形式的学校教育和职业培训，承担着为我国经济和社会发展培养数以亿计的生产、服务第一线的高素质劳动者和实用型人才的任务。

但是中职学校的管理体制却几经变化。20世纪80年代以来，对中等专业学校实行的是在教育部门综合管理下，按系统由各业务部门分级归口举办；技工学校在国家教育方针政策指导下归劳动部门综合管理，分由国家行业部门、地方各级劳动部门、厂矿企业举办；职业高级中学均由地方各级教育部门直接举办与管理。

在1998年以后的几年里，随着市场经济改革的深化、学校管理体制改革及各级各类教育发展的不均衡，中等职业教育发展进入低谷。20世纪90年代后期，随着高等职业教育的大力发展，大批中等职业学校或升格、或兼并调整联合后升格组建高等职业院校，很多高校也掀起了举办职业技术学院的热潮，这些进入高等职业教育的中职学校，绝大部分是我国中等职业学校中由全国或地方行业部门举办，办学历史较长，办学经验丰富，教育教学水平较高的一批较优质的中等职业教育资源。在1 000多所国家级重点中专学校和职业高中里，有500多所学校以不同的形式举办了高等职业教育，一些省市的举办率甚至达到70%以上。部分中职学校升格为高职，给中等职业教育带来了一定的影响。

1998年开始，教育部提出高校扩招，普通高中教育的规模随之迅速扩大，不少地方的高中阶段教育普职比例在几年内从5.5∶4.5很快下降到7∶3，甚至更低。学生和家长的目标都盯在了升学这一条路子上，对原本就存在招生困难问题的职业学校来说更是雪上加霜，社会认可度降到最低点。种种原因导致中等职业学校教育的招生数和在校生数量在几年内锐减，1998年到2001年，中等职业学校招生数由520万减少到398万，在校生数由1 431万人减少到1 164万。

---

① 黄辉. 中等职业教育的昨天、今天和明天 [J]. 中国发展观察，2006（8）.

进入21世纪,国家从发展的战略全局出发,审时度势,高度重视并加大了对职业教育工作的支持力度,2002年和2005年分别召开了两次全国职业教育工作会议,并出台了一系列政策措施。"大力发展职业教育""普及和巩固九年义务教育""切实提高高等教育质量"一并成为今后一个时期教育事业的三大战略重点。中等职业教育发展规模增长明显加快,2005年招生655.66万人,比2004年扩大招生89.46万人,在校生规模达到1 600万人,比2000年增长了22%,职业教育走出低谷,进入了历史上最好的发展时期。

2005年《国务院关于大力发展职业教育的决定》(国发〔2005〕35号)明确提出,2010年以前,原则上中等职业学校不升格为高等职业院校或并入高等院校,为稳定中等职业教育资源起到了重要作用。2005年,教育部提出适度控制高校扩招幅度,把工作重点转向提高高校教育教学质量和教学改革上,并提出均衡发展高中阶段教育,这一系列重大决策,为加快中等职业教育的发展提供了重要保障。在职业教育领域,教育部提出了发展"以服务为宗旨、以就业为导向"的中等职业教育。

经过近几年的建设,已建成国家级重点中等职业学校1 600多所,省级重点中等职业学校2 000多所,带动了我国中等职业教育整体办学能力和办学水平的提高。

总体来看,自改革开放以来,我国中等职业教育事业有了很大发展,各类职业学校教育和职业培训取得显著成绩,为社会主义现代化建设培养了5 000多万高素质劳动者和实用型人才。

目前,全国有中等职业学校13 093所,在校生2 205.33万人。《国家中长期教育改革和发展规划纲要(2010—2020年)》中明确指出"要大力发展职业教育","把中等职业教育作为加快发展职业教育的重点","把提高质量作为重点","建立健全职业教育质量保障体系"。因此,建立和健全中等职业教育质量监督和保障体系对中等职业教育的发展尤为重要。目前,我国的学者对于教育质量监督和保障体系也进行了很多的研究,而对于职业教育质量监督和保障方面的研究多集中在高等职业教育方面,对中等职业教育研究则相对较少,专著的研究则基本上还处于空白状态。

由于中等职业教育的发展经历了一定的起伏,一直处于投入相对不足、办学条件较为薄弱的状态。发展与建设的重点较多着手于改善职业教育办学条件,扩大优质教育资源,推动中等职业教育规模的扩大;外延发展较多,内涵发展不足,对于质量和质量管理体系建设在大多数中职学校还处于空白或可有可无的境况,教学质量管理及体系的建设也还未提到重要的议事日程上来。

(二) 中等职业学校质量管理与保障体系建设情况

当前,中等职业教育仍然是我国教育事业的薄弱环节,其战略地位没有得到很好的落实,尊重劳动、尊重技能型人才的社会氛围尚未形成。投入水平偏低仍然是我国中等职业教育发展的一个重大制约因素,政府、行业企业多元投入的稳定的经费来源保障机制尚未建立,投入增长远跟不上中等职业教育发展的需要。很多学校的资源并不能适应办学的需要,有相当一批学校校舍紧缺,教学设施设备跟不上,尤其是实验实训设备紧缺、陈旧,实训基地面积不足,工位不够,师资力量跟不上,特别是缺乏双师型教师。

1. 理论研究多以研究生论文为主

中等职业学校由于规模、师资队伍人数以及办学条件等方面的原因,独立的教学质量监控机构设置较少,加上中等职业学校发展中政策不断变化,大多数学校将主要精力放在改善办学条件上,质量保障对于个别学校仅仅体现在专业教学质量的监控上,尚不具备全面性、系统性。

能够查阅到的与中等职业教育教学质量管理相关的研究论文多见于硕士生研究论文(博士论文较少),对中等职业学校一线教师教学、管理者的理论、实践研究还很缺乏。说明在职业教育领域,关于中等职业教育的质量管理还缺少具有实践应用支撑的研究,没有了实践研究的支撑,极易出现从理论到理论的空中楼阁现象。

2. 实践层面成功案例不够丰富

笔者通过调查发现,中等职业教育教学质量管理体系建设的实践研究还不多,较为有代表性的有《中等职业学校专业教学质量保障体系的构建:以上海市中职学校为例》① 一文。文章提出:未来上海市中职学校专业教学质量保障体系建设将重心下移,加强学校内部质量保障体系的构建;由于各个学校的基础、管理模式、重视程度等不同,各学校专业教学质量内部保障体系存在参差不齐的情况。因此,需要成立全市层面的专门机构或者组织对学

---

① 陈效民,胡兰. 中等职业学校专业教学质量保障体系的构建:以上海市中职学校为例 [J]. 职教论坛,2012 (10).

校进行指导，帮助学校逐步建立和完善专业教学内部质量保障体系。

在学校实践层面，苗喜荣[①]认为：目前在中等职业学校构建教学质量体系中，还存在观念落后、思想方法陈旧、评价标准片面等一些问题。尤其是很多职业教育管理的人员，甚至领导的思维还停留在计划经济模式下，完全封闭式办学，没有市场化意识，质量管理与体系建设已明显不适应市场的发展；中等职业学校绝大多数仅停留在质量管理的末端检验阶段，主要以考试、竞赛为主，事前控制差；对中职学校教育教学检查与评价的依据主要停留在教学计划等文本上，评价标准不够规范、科学，缺乏全面性；其评价主要以上级教育主管部门的评价为主，即以行政评价为主，缺乏自我评价、自我修正的良性循环机制，使被评价者处于比较被动的地位，通常变成为评价而评价等。

在中等职业教育领域，上海市逐步建立和形成了内外结合的专业教学质量保障体系。外部质量保障体系方面主要由教育行政主管部门承担宏观的调控、指导和服务职责，将相关的评估和管理业务委托第三方专业评估机构上海市教育评估院组织开展；牵头建立了由行业企业及其主管部门、教研机构、教育评估机构、学校和教育行政部门等方面的专家组成的上海市中等职业学校专业建设指导委员会，负责专业设置的管理与规范、专业布局的规划与调整、专业教学质量的指导与监控、专业品牌的建设与推进；由第三方专业评估机构上海市教育评估院接受政府和学校委托，开发相关标准，组织实施评估业务，为政府决策提供依据，为学校提供指导、咨询和服务；行业企业及学校主管部门，统筹领导所属中等职业学校，根据行业企业的需要及其变化，对所属学校的专业设置和建设进行统筹与调控，及时设置和调停学校专业；中职学校在主管部门统筹领导下，建立由行业企业及其主管部门、教育教学、职教研究和课程理论等多方面专家组成的学校专业设置评议委员会，定期研究和规划学校专业设置与调整工作。

3. 重点中等职业院校教学质量管理体系建设引领作用

为发展中等职业教育，加强中等职业学校示范性院校建设，国家实施了中等职业教育示范性院校建设计划，重点投入建设了 1 000 所国家级示范性

---

① 苗喜荣，潘进，朱永红. 现代职业教育背景下中等职业学校构建质量体系的思考 [J]. 重庆工商大学学报（自然科学版），2015，32（7）.

中等职业学校，以扩大优质中等职业教育资源，引领全国中等职业学校办出特色，提高办学水平。

虽然通过国家中等职业国家级示范性院校建设，以及各省开展的省级重点中职学校建设，一部分中职学校办学条件得到改善，但它们在中职近几年的扩招中承担了更多的任务，目前基本都已满负荷或超负荷运作。

根据教育部职业与成人教育司2006年5月编制发布的《国家级重点中等职业学校评估指标体系》编制说明（供2006年国家级重点中等职业学校调整认定工作参考使用），是以教育部职业教育与成人教育司2003年修订印发的《国家级重点中等职业学校条件》为依据，按照导向性、整体性、客观性、可测性和简易性原则，选取最能反映中等职业学校办学水平和特色的主要项目编制而成。包括3个一级指标，15个二级指标，39个三级指标，其中教学质量监控被列为最后一个三级指标：3-5-5教学质量监控[①]。提出的内涵及标准要求是：观念新、方案好、措施得力、手段先进、注意总结、推广本校经验成效显著。指标要求做到：教学管理制度健全，有专门机构；工作规范；质量监控对促进教学改革作用大。应提供必要的有关方案、记录、总结等。

从国家重点中等职业学校评估指标可以看出，中等职业学校在教学质量管理及体系建设方面还处于达到最基本要求的阶段，如管理制度、工作机构、教学质量监控的记录与促进作用等。对于如何进行监控，采用什么方法、标准、体系等方面还未有涉及。从中等职业学校所呈现的教学成果方面还没有发现较为有影响的教学质量管理和保障体系建设的范例和典型案例。

总体来看，我国中等职业学校的教学质量管理与监控体系建设还处于起步阶段，但已引起国家层面的重视。目前，教育部职教司已启动了中等职业学校"教学质量诊断与改进"方案的研制工作。

（三）社会培训机构质量管理现状

"完善职业教育和培训体系，深化产教融合、校企合作"是党的十九大对新时代我国职业教育工作做出的新部署。多年来，由于管理体制的不同，职业院校和社会培训组织并未一起纳入职业教育范畴进行整体战略规划、建

---

① 《国家级重点中等职业学校评估指标体系》（教育部职成司编，2006）.

设和管理。随着我国职业教育的发展，职业院校与社会的融合越来越深入，也承担了大量面向企业、社会的培训和技术服务，而社会培训组织也在不断发展壮大，涉及职业教育内容的也越来越多。随着形势的发展，两者逐渐在很多业务领域开展合作，构建我国职业教育与培训体系的需求呼之欲出。

目前，在职业教育领域从事培训的社会组织主要为经教育部门审批的文化教育培训机构、劳动保障部门审批的职业技能培训机构、工商部门直接登记注册的教育服务类企业。由于社会培训组织规模庞大，管理困难，因此，存在的问题也相对更多，在职业教育服务质量方面难以得到社会的认可。这里面也可分为：一是"正规军"，即由教育部门审批发放办学许可证的培训机构或培训学校；由工商部门登记注册、取得营业执照的教育咨询公司；由劳动保障部门审批的技能培训学校。二是"游击队"，即各类社会职业培训组织。由于多头管理及职责不明，加上缺乏规范的管理手段，职业教育的社会化培训机构也是质量管理当中最需要加强建设的重要部分。

第二节 职业院校质量管理与保障体系的主要特点

通过宏观层面的手段，高职院校的质量管理监控体系、中等职业学校中国家重点学校的质量管理在学校层面都基本能够得到落实和保障，从早期的教学督导到后续的教学质量监控与管理机构的设置，都有很大的进步。

一、院校层面机构逐步完善

在高职人才培养工作（水平）评估、数据平台、人才培养质量年度报告等宏观质量管理措施的推动下，各高职院校按照有关政策要求和导向，不断探索构建院校自身的教学质量保障体系，经过近10年的实践，各院校在教学管理机构上基本都建立了教学督导机构，有的在机构设置上已升级为学院质量监控中心（或办公室），并重视实践教学质量的监控与管理。在教学质量保障体系中都呈现了自身的特点。中等职业学校，以国家重点中职学校为主，逐步加强了质量管理的认识和建设，国家对于中等职业重点学校的评估体系也促进了建设进程。总体上看，建立和完善学校教学质量监控与保障体系，正成为职业院校提高人才培养质量的共识。

重视社会及第三方机构的质量评估成效初步显现。职业教育质量的评估主体进一步优化,评估方式方法更加完善。以第三方机构为代表的独立评估,关注行业、企业、用人单位等对教育质量的评价以及学生对教育教学的反馈。多所学校引入教育数据咨询和教育质量评估专业机构开展第三方评价,为学校提高人才培养质量提供信息参考。

二、结果性评价仍为主要方式

（1）职业院校的质量监控体系大多由学校自身制定。以高职为例,教育教学质量的监控主要由教学管理部门和质量监督部门组织实施,如通过独立设置的质量监控办公室或中心,或教学督导团队。

（2）大都逐步形成了具有学院特色的多元化、多主体的教学质量监督、评价体系,实现了学院、企业、社会等第三方参与的多元化、多主体教学质量评价。

（3）外部评价主要是来自于企业兼职督导、实践指导教师和校友对学院专业人才培养的评价、对学生顶岗实习职业能力的评价、社会第三方对学校教学工作质量的评价。

（4）学院内部对二级教学单位教学工作状态的评价、对教研室教学工作状态的评价和对教师的教学质量评价。

（5）形成了院系专、兼职督导员队伍,学生信息员队伍和企业兼职督导员队伍。信息员队伍负责收集和整理本班级教学质量信息,企业兼职督导隶属于各个系部管理,参与系部的教学质量监督。

（6）有的形成了三级保障,即形成学院、二级教学单位和教研室的教学质量管理、评价与反馈保障。

（7）教师的教学质量评价由学生、同行、二级教学单位、二级督导等完成,在评价指标设计和评价权重上,根据不同的评价主体指标其侧重点应不一样,这样可使评价结果较客观,教师易接受。

（8）将学院人才培养质量的评价引入第三方评价单位,通过企业和社会第三方对学院教学工作状态和教学质量的评估,使学院从上到下普遍重视教学质量内涵建设,提高了教师教学工作的积极性。

三、理论支撑与系统性不强

以上几种国家层面对职业院校的质量管理，不论是高职院校还是中等职业学校，尤其是社会培训机构，主要采取的是结果性检查和评价，虽然不同程度地促进了职业教育与培训的管理和质量提高，但由于都倾向于结果性评价，缺少过程控制和管理，对改进和提高职业教育质量的管理及管理体系建设而言，还有较大的提升空间。因此，建立一种推动职业院校自身教育教学质量持续改进与提高的机制，通过对质量生成过程的分析，寻找教育教学质量的关键控制点，运用制度、程序、规范、文化等实施控制，从而实现质量管理的目标，是职业院校提高自身办学质量的应有选择。

高职院校在体系建设上形成了富有特色的一些做法和成果，但从总体上看，高职院校教学质量管理体系与我国高职教育的发展不相适应。发展的前些年，大多把精力放在专业建设、课程建设、校企合作上，对教学质量管理体系的构建还没有投入应有的人力、物力和财力，也没有上升到学校质量管理顶层的建设规划中。因此，还存在以下问题：

（1）理论支撑不够。已有的高职院校质量管理体系研究及实践案例中，还没有形成能够取得共识的理论支撑，实践应用多，理论研究成果少。

（2）系统性不够。由于缺少理论支撑，大多停留在教学环节听课、实践教学检查等大同小异的做法上。缺少系统性思考，没有建立起一套基于科学性和管理理论支撑的质量管理体系，难免陷于自唱自娱。

（3）疏于过程监管。虽然在院校体系中不乏过程管理的内容，但由于没有形成科学合理的文件化制度，操作层面设计不到位，形成要求多，实际管理缺失等原因，形成质量结果的过程管理或环节不能落到实处。

（4）主体性不强，被动接受管理与评估。近十年来，职业院校多处在院校发展、拓展规模的阶段，通过国家层面的多种管理形式，院校接受评估等质量监测，院校自身构建质量监控体系的步伐还达不到社会对职业教育的期望。这种被动接受管理的方式影响了自身质量观念和质量因素的形成。

（5）缺少国际化视野。大多院校在形成质量管理体系中，没有顶层设计，缺乏国际化发展的战略眼光和国际化的合作或借鉴，难免闭门造车，很难走出自家大门。

第三节　新时期职业院校质量管理体系建设的历史任务

从 2015 年底开始，职业院校的教学质量工作诊断与改进已被提上议事日程，并接连出台了高职院校的《教学质量工作诊断与改进方案》，中职学校的已在研制当中。从中可以看出，这项战略性任务是当前职业教育提高质量的重点工作之一，是新时期我国职业院校面临的重要任务。

一、职业院校从被动走向责任主体

从上可以看出，国家教育质量保障体系顶层设计出现重大调整（变革），将逐步实行"管办评分离"，即管理方不再组织评估，办学方不再组织评估，而是重新界定评估：不包括管理方、办学方在内的其他利益相关方或第三方组织的教育教学评估；将教育教学质量保证的第一责任方——举办方和院校推到前台，即院校举办方和院校自身必须面对和破解的紧迫课题——在实施"管办评分离"之后，如何负起质量保证的社会责任，如何进行质量管理；明确了学校应该承担教育质量保证的主体作用——不断完善内部质量保证制度体系和运行机制。因此，高职院校必须思考教学质量管理体系建设的方向与要素。

（1）要熟悉自身办学特点。职业院校教学工作诊断与改进指学校根据自身办学理念、办学定位、人才培养目标，聚焦专业设置与条件、教师队伍与建设、课程体系与改革、课堂教学与实践、学校管理与制度、校企合作与创新、质量监控与成效等人才培养工作要素，查找不足与完善提高的工作过程。

（2）诊断与改进是指质量主体为高质量地全面达成预定目标并不断创造性地超越既定目标，在质量生成过程中，以采自源头的实时状态数据、信息为主要依据，根据按目标组成要素制定的指（座）标体系对现实状态进行的自我定位、诊断和调整、改进。

（3）要具有全面的质量观。应以全面质量管理理论——PDCA 循环 PLAN（计划）—DO（执行）—CHECK（检查、诊断）—ACT（处理、改进）来设计各个教学环节管理方案。

二、构建职业院校内部教学质量保障体系的核心要素

在职业院校，教师（兼职教师及实践指导师傅）、学生、教学条件（含实践教学场所和企业实践场所）、专业、课程、合作企业（单位）等要素，按职业教育内在规律，相互联系、相互作用，成为影响职业院校教育教学质量的要素，它们直接影响职业教育的教学质量。职业院校教学质量（内部）管理和保障体系是指院校组织全体师生和相关利益方参加，在确定质量目标的基础上，建立科学的教学质量标准、质量管理程序、制度和规章，运用测量和评价等手段，综合运用现代科学管理技术，控制教学系统各要素的运行状态，协调各要素间的相互关系，不断纠正与质量目标间的偏差，形成有效的监测、反馈、改进的运行机制。综上所述，职业院校内部教学质量保障体系基本内涵主要表现在以下几个方面。

（一）全方位的质量管理

质量管理内容不仅包括教学质量本身，还包括与教学质量有关的各环节的工作质量。必须对影响教学质量的各种因素进行全面的控制，通过控制使各环节工作质量处于最佳匹配状态，以达到提高教学质量的目的。而各工作环节涉及学院的各个部门，只有各部门、各层次都充分发挥各自的质量职能，使各方面的工作质量得到改善和提高，才能保证和提高教学质量。

（二）全过程的质量管理

教学质量保障针对的是包括专业设置、培养目标确定、制定人才培养方案、课程开发、教材与教学设施准备、教学实施、顶岗实习、考核评价、就业指导到社会的综合反馈等人才培养的全过程，教学质量就在这一过程中经过每一个环节的作用而逐步形成。后一个过程的输入往往是多个前过程的结果，前过程的输出又可能是多个后过程的输入。因此，这一过程中的任务的每一个环节的变动，都会引起整个教学质量的变化，这就要求必须将质量形成过程中的各个环节都纳入质量保障体系，实行全过程的管理。

（三）全员的质量管理

教学质量的高低是教学全过程的综合结果，而每一个环节都要靠教职员

工以及合作企业相关人员去实施，许多环节还需要学生发挥能动作用，没有学生的积极参与和配合，任何教育过程都是难以奏效的。因此，教学质量管理应以人为主体，充分发挥人的因素在质量形成过程中的作用，依靠全体师生的努力，提高教学质量。

三、职业院校教学质量保障体系的构成

质量形成的源头在于过程。同样，教学质量或人才培养质量的源头是教学的每一个过程和环节。因此，加强过程管理是构建教学质量管理和保障体系的关键。从目前职业院校教学质量管理体系建设现状来看，过程管理与监控还是相对薄弱的环节。

（一）过程管理

过程是质量的源头。要通过过程管理和过程性评价，加强对教学全过程中的每个环节的质量控制。职业教育质量形成有其自身的规律，即产生、形成和发展的过程，质量形成的若干个环节构成一次循环，每经过一次循环，质量就应有所提高。因此，针对每一次循环，都应有过程监管和终结性评价，以此推动教学质量不断改进和螺旋式提升。按照上述理论，工学结合模式下的职业教育，既要随着过程的进行对教学质量加以跟踪评价，又要在一定时段一专项结束时对教学质量进行最终考量。

（二）教学质量管理系统

总体上说，职业教育的质量管理系统包括教育行政部门教学质量监管系统、校本教学质量管理系统等两个主要部分组成。相对来讲，高职领域已构建了较为完善的两大部分功能。

1. 教育行政部门教学质量管理系统

教育部《关于全面提高高等职业教育教学质量的若干意见》（教高〔2006〕16号）明确了高职教育的人才培养目标，对办学模式、人才培养模式、专业、课程、实践教学、师资队伍建设等方面设置了切实的目标，确立了高职教育教学质量保障目标体系；"国家示范性高等职业院校建设计划"，确立了学校建设发展的目标体系；国家精品课程、国家级教学团队、国家教

学名师奖的评选工作，制定了相应的高职评审指标体系，初步构筑起了既有院校评价又有课程、教师评价，既有综合评价又有专项评价，既有发展性评价又有总结性评价，既有国家级评价又有省部级评价，专门用于高职教育的评价体系。

2. 校本教学质量管理系统

高职院校应在科学的教学质量观指导下，以教育行政部门为引导，建立覆盖教学系统各要素的质量管理系统。设计校本教学质量标准应遵循目标性原则、系统性原则、可比性原则和激励性原则。目标性原则强调教学质量标准必须与人才培养目标保持一致，使质量标准客观反映教学体系的本质，培养目标的整体优化。系统性原则有两层含义，一是在确定教学质量管理标准时，应对教学系统全过程、全方位、全要素进行系统分析，确定与之相适应的完整的系列标准，防止出现缺失或用多种标准反映同一事物；二是可通过将教学目标逐级分解到具体可测的质量指标，从而形成分层教学质量标准。可比性原则是指教学质量标准必须反映某一事物的共同属性。比如各专业都有自己特殊的性质，但标准不反映这些特殊点，而是从特殊中抽取其共同的属性，这是比较的前提和基础；激励性原则是调动广大师生员工积极性的重要因素，所以制定的标准要从实际出发，为大家所接受。

第四节　职业院校教学质量管理体系建设发展展望

2010年7月，中共中央国务院发布的《国家中长期教育改革和发展规划纲要（2010—2020年）》提出，要适应国家现代经济发展，构建中国职业教育现代体系。近几年来，由于国家和社会的重视，我国职业教育得到了迅速发展，为国家的经济建设和发展起到了积极的作用。但是，当今社会技术技能应用型人才的缺乏与职业院校毕业生就业困难的矛盾仍比较突出，究其原因，很重要的一条就是职业院校对教育质量缺乏有效的监控，人才培养质量总体上还不高，不能完全满足用人单位的需求。因此，职业院校有效实施教育质量监控，不断提高人才培养质量，已成为学校、用人单位和社会关注的焦点，成为广大职业院校面临的紧迫使命。

我国职业教育的发展，学习和借鉴了其他国家的经验：融合了德国"双元制"经验，学校和企业合作共同培养高技能人才；融合了澳大利亚TAFE

经验，实施"双证书"制度，建设共享型教学资源库；融合了美国社区学院经验，职前与职后结合，为社区成员提供多样化、个性化学习；融合新加坡理工学院经验，产学研结合，注重教师的研发服务能力，等等。虽然融了合各国经验，但融而不同，我国高等职业教育形成了自己的特色，具有独特性、创新性和不可替代性。① 同样，我国职业院校教学质量管理体系构建在符合自身特点的基础上，借鉴先进国家的经验，参照国际职业教育质量管理标准，构建符合院校办学实际的质量管理体系。

一、国家层面政策与制度导向

2015年底，教育部职成司发布《关于印发〈高等职业院校内部质量保证体系诊断与改进指导方案（试行）〉启动相关工作的通知》（教职成司函〔2015〕168号），通知要求各省级教育行政部门依据指导方案制定本省（区、市）高等职业院校内部质量保证体系诊断与改进工作实施方案。

教育部职成司将组建全国职业院校教学工作诊断与改进专家委员会（简称全国诊改专委会），指导相关业务，开展相关服务。要求各省级教育行政部门也要成立相应的省级诊改专委会。

通知要求建立基于高职院校人才培养工作状态数据、学校自主诊改、省级教育行政部门根据需要抽样复核的工作机制，促进高职院校在建立教学工作诊断与改进制度基础上，构建网络化、全覆盖、具有较强预警功能和激励作用的内部质量保证体系，实现教学管理水平和人才培养质量的持续提升，提出了：① 完善高职院校内部质量保证体系，以诊断与改进为手段，促使高职院校在学校、专业、课程、教师、学生不同层面建立起完整且相对独立的自我质量保证机制，强化学校各层级管理系统间的质量依存关系，形成全要素网络化的内部质量保证体系；② 提升教育教学管理信息化水平，强化人才培养工作状态数据在诊改工作的基础作用，促进高职院校进一步加强人才培养工作状态数据管理系统的建设与应用，完善预警功能，提升学校教学运行管理信息化水平，为教育行政部门决策提供参考；③ 树立现代质量文

---

① 马树超（1953— ），上海教育科学研究院原副院长，现任中国职业技术教育学会副会长，上海高职教育发展研究中心主任，知名高职教育研究专家。

化,通过开展高等职业院校内部质量保证体系诊改,引导高职院校提升质量意识,建立完善质量标准体系,不断提升标准内涵,促进全员全过程全方位育人等具体任务,提出实行数据分析与实际调研相结合。诊改工作主要基于对学校人才培养工作状态数据的分析,辅以灵活有效的实际调查研究。

通知要求独立设置的高职院校应每3年至少完成一次质量保证体系诊改工作。新建高职院校可按照省级教育行政部门规定执行;省级教育行政部门在学校自主诊改基础上,每3年抽样复核的学校数不应少于总数的1/4,并要求被抽查院校提供:① 学校的《内部质量保证体系自我诊改报告》;② 近2年学校的《人才培养质量年度报告》;③ 近2年学校的《人才培养工作状态数据分析报告》;④ 近2年学校、校内职能部门、院(系)的年度自我诊改报告;⑤ 学校事业发展规划、内部质量保证体系建设规划及其他子规划;⑥ 学校所在地区的区域经济社会事业发展规划等相关材料。

针对高职院校质量管理体系诊断提出5个诊断项目,分别是:① 体系总体构架;② 专业质量保证;③ 师资质量保证;④ 学生全面发展保证;⑤ 体系运行效果。从15个二级诊断要素和39个诊断点来看,高职院校质量管理体系呈现出以下特点:

(1) 明确提出了院校的质量目标要求。诊断点放在学校发展目标定位是否科学明确;人才培养目标、规格是否符合区域经济和社会发展要求,是否符合学生全面发展要求;质量保证目标与学校发展目标、人才培养目标的一致性、达成度。

(2) 提出了要建立质量保证体系。检查学院的质量保证体系建设规划是否科学明晰、符合实际且具有可操作性,并以实际执行效果是否明显作为主要检查的内容。

(3) 强调应用信息化手段来进行质量管理、体系建设以及诊断和改进。提出是否重视高职院校人才培养工作状态数据采集与管理平台建设;对数据平台建设的人财物是否有保障,管理是否到位,运行是否良好;是否建立信息采集与平台管理工作制度,数据采集是否实时、准确、完整;是否运用平台进行日常管理和教学质量过程监控;各级用户是否定期开展数据分析,形成常态化的信息反馈诊断分析与改进机制。

(4) 明确提出和深入到专业与课程建设当中开展诊断与改进。检查学校内部是否建立常态化的专业诊改机制;是否能够促成校内专业设置随产业发展动态调整；诊改成效如何，人才培养质量是否不断提高；校企融合程度、专业服务社会能力是否不断提升；品牌（特色/重点）专业（群）建设成效、辐射影响力是否不断增强；是否积极参加外部专业诊断（或评估、认证）；外部诊断（评估）结论是否得到有效应用，对学校自诊自改是否起到良好促进作用；校内是否开展对课程建设水平和教学质量的诊改，形成常态化的课程质量保证机制；是否对提高课程建设水平和教学质量产生明显的推进作用。

（5）将学生全面发展作为一级指标进行监控。强调构建育人体系和素质教育过程。检查是否制定学生综合素质标准；学生素质教育方案制定是否科学，培养目标定位是否准确；是否因材施教，注重分类培养与分层教学；是否实施全员全过程全方位育人，加强创意、创新、创业教育；是否实施对服务部门服务质量的诊改，并形成常态化安全与生活质量保证机制；学校安全设施是否不断完善；学生生活环境是否不断优化；学生诉求回应速度、学生满意度是否持续提高；意外事故率是否不断降低；学校是否建立家庭困难学生、残障学生、少数民族学生等特殊学生生活保障管理运行机制情况；建立学生心理健康教育活动体系与运行管理机制情况；能否为特殊学生群体提供必要的设施、人员、资金、文化等保障。将学生成长的过程和生活的方方面面都纳入诊断与改进的检查范围当中。

（6）提出了质量事故的管控指标。是否建立质量事故管控反馈机制，制定质量事故分类、分等的认定管理办法，对质量事故处理及时有效；是否建立学校、院系两级质量事故投诉受理机构，制定质量事故投诉、受理、反馈制度；是否定期开展质量事故自查自纠，形成质量事故管控常态化管理反馈机制，考察学院质量事故的发生率，影响程度；处理安全事故、群体性事件的速度与能力；学校质量事故与投诉发生率是否逐年减少；是否建立过程信息监测分析机制与质量事故预警制度；是否有突发性安全事故、群体性事件应对工作预案；是否有近三年质量事故分析报告及其反馈处理效果报告。

总体而言，高职院校教学诊断与改进方案围绕人才培养全过程，一是以教学为中心，涉及学校管理的方方面面，大而全；二是包罗万象，带有明显的评估指标体系的特征。指标设立带有考核指向，并附有体系运行效果等结果性指标。

二、经济全球化趋势的影响

在现代社会，经济、科技与文化的全球化交流与合作，人才全球范围的流动与竞争，必然要求教育从体制到内容更加开放，更加国际化，更具有前瞻性。随着国际化产业的大转移，职业技能人才需求也在随着产业流动，随之而来的职业教育国际化的兴起，已成为当代职业教育发展的一种趋势。国内职业院校在追求学生走出国门接受其他国家职业教育的同时，已开始尝试吸引国外学生来中国接受职业教育，共享中国职业教育发展的成果。

职业教育国际合作与交流，需要一套各国认可的质量保证系列标准。事实上，在国际交流与合作中，一些国家的教育机构对外国学生的学历或学位是不是国际质量认证机构认证的学校授予的学历或学位做出了硬性规定。如美国加州大学规定："凡到加州大学攻读博士学位的外国学生，其在本国所获硕士学位须授学位机构通过教育质量国际认证。"

ISO 29990 标准作为一套结构严谨、内容丰富、规定具体、操作性和通用性强，已被各国普遍承认的国际标准，理应在职业教育国际交流与合作中发挥积极作用。对此，不少专家认为，我国职业教育应跳出落后、僵化、单一、封闭的模式，改革国内单纯行政性的教育质量评价手段，加快适应国际竞争和国际交流的需要。如果职业教育管理和质量评价能与国际接轨，将在国际交流与合作中赢得机遇。

三、教学质量管理规范化、标准化发展趋势

虽然我国职业教育质量和管理已经过了较长的历程，各院校都不同程度地建立起了自己的管理制度和措施，但在具体内容及手段、形式、方式等方面仍存在着很多不完善和不规范现象。从 ISO 29990 标准体系的角度去看，对国际上行之有效的质量管理和质量保证体系理论和方法进行系统性提炼、概括和总结，并使其系统化、标准化和规范化。教育管理 ISO 29990 认证是通过权威认证机构按照 ISO 29990 系列标准的相关质量要素，对教育管理的各项工作进行规范和评价，确认其质量管理体系是否具有质量保证和质量控制能力，是否有充分依据值得社会和消费者信赖。这里的规范和评价着重强

调"所有工作都是通过过程来完成的",要求质量认证必须是经各国公认的第三方公证机构,依据规定标准和程序进行的客观公正的活动,而这些,正是我们职业院校在质量管理方面所缺少的。

四、职业教育发展及教育服务国际化趋势

一些专家强调,面向未来的中国职业教育,应更具有国际意识,更加开放,能够进入世界经济发展的大循环。中国制造正在向4.0时代进发,要使中国制造向中国创造升级,成为中国制造的支撑,中国应该有一批在国际上具有影响力的职业院校,甚至职业技术大学。要做到这样,中国职业教育应向符合国际惯例的方向发展,教育质量认证应与国际接轨。如果说,ISO 9000系列标准是工业企业走向国际市场的"通行证",那么也可以说,ISO 29990认证,则是职业教育走向国际,与国际接轨的"金钥匙"。

今后,中国教育将不断成熟,走向市场化、产业化和国际化,职业教育"卖方市场"终将被"买方市场"所取代。为了扩大生存空间,学校间竞争将更加激烈。中国的教育机构与国外教育机构相互在对方境内办学或合作办学的现象将会更多,中国职业教育的市场不仅在国内,而且面向国际市场;竞争对手不仅有本国同行,还有国外强大的竞争对手。

与我国现行的教育评估制度过多地重视鉴定、分等相比,ISO 29990质量认证则十分重视学校的可持续发展,认为"最好"只是一时的标志,"更好"才是永恒的追求,对学校认证之目的在于改善学校的办学质量,而不在于使这所学校尽善至美。反映在认证方法上,ISO 29990质量认证主要是对学校质量体系的建立和实施进行判断。这种判断并不采用惯用的做法,即按评估机构预先确定的固定标准来衡量学校,而是由学校自己制订质量方针和质量要求,以此作为判断标准。这正体现了ISO 29990标准体系的现代职业教育理念的发展性功能。

我们处在一个追求高质量的产品和服务的时代。教育作为一项服务(WTO服务条款明确规定),其质量管理体系是确保高质量教育服务的基石。目前,教育的"产品和服务质量"还不能完全满足学生、家长、社会的要求,与社会日益增长的、在教育领域的投资回报不成正例。这固然是整个教育体制落后造成的局面,但是教育的质量管理跟不上时代的发展是显而易见

的。现代的社会经济需要相应的现代教育，现代教育需要现代学校制度。国际上通行的 ISO 29990 质量管理标准可以为职业院校走向现代化、国际化运行提供有力的支撑。

五、中国职业教育树立品牌影响力趋势

教育消费者很希望看到学校有能证明其质量保证和质量控制能力的证据。而 ISO 29990 质量认证是"由可以充分信任的第三方证实某一经鉴定的产品或服务符合特定标准或其他技术规范的活动，这一活动是客观的、经常性的，通过认证的生产服务（产品）或质量管理体系是可信任的"。

在我国，只有教育部或教育主管部门组织的各类评估或监管措施来对职业院校教育质量做一定的监督与测量，且更多的是仅限于对结果的评价，对过程予以监控的有效措施较少，这也是 ISO 29990 标准引起众多教育界学者关注的原因之一。将 ISO 29990 标准与职业院校教学工作评价方案相结合，制定教学质量管理体系，有待于更多的职业院校教学管理工作者、教育工作者和教育行政部门的努力。要建立与完善我国职业院校教育评价标准与体系，赶上发达国家或地区，还有很长的路要走。

六、建设具有国际水平的职业院校的现实需要[①]

随着国际交流和合作步伐的加快，我国职业教育将在教育国际化趋势中"学会共存"，进一步瞄准国际职业教育的办学方向，进一步拓展中外合作办学渠道，进一步加大国际职业资格证书、职业标准和评价标准的引进力度。职业教育国外优秀教师、跨国公司专业技术人员来校授课的比例将不断增加，国际化工艺流程、产品标准、技术标准、服务标准等将进一步融入教学内容。一批具有国际视野、通晓国际规则的职业院校将在国家"走出去"发展战略中发挥积极作用，成为向东盟、非洲和南美洲国家等输出教育资源的重要教育类型，也为发展中国家更多人能接受高等职业教育和技能培训创造条件；境外学生、跨国公司员工到职业院校留学、访问和培训的比例将不断

---

① 数据来源：《2012 中国高等职业教育人才培养质量年度报告》。

提高，中国职业教育的国际影响力也将不断扩大。

　　随着中国职业教育改革步伐的不断加快，将促进职业院校办学更具开放性。构建基于 ISO 29990 标准的质量管理体系将促进学校加速与国际接轨，加强教育的国际交流与合作，为学校走向世界、为世界所认同打下基础。可以预见，在不久的将来，会有越来越多的国内职业院校采用 ISO 29990 标准来提升自己的质量管理水平。ISO 29990 质量管理标准不仅可以使学校管理步入标准化轨道，而且将进一步提升学校在世界范围的知名度和影响力，会逐渐进入其他国家的学生及家长的视野，从而提高学校在国际上的声誉度。

第二章
ISO 29990 职业教育质量管理体系的起源与发展

2010年9月，国际标准化组织ISO发布了《职业教育与培训的学习服务——学习服务提供者的基本要求》（Learning Services for Non-formal Education and Training—Basic Requirements for Service Providers），即ISO 29990：2010。从此，职业教育质量管理有了国际标准。这时，已是ISO系列国际标准产生之后的50年了。它是在ISO 9000国际质量标准基础上发展起来的针对职业教育的国际质量管理标准，承袭了ISO 9000系列的质量管理的理念与经验，但相对ISO 9000质量管理标准来说，它是专门针对职业教育的质量管理标准。

职业教育是人的职业能力和技能逐渐养成的过程，它遵循教育的一般规律，也遵循质量形成、产生的规律和基础，即产品形成或产生的过程。因此，职业教育的教学过程与管理是职业院校教学质量的基础和保障。自职业教育诞生以来，职业教育质量及质量管理就一路相伴，两者相辅相成，各个国家也都形成了各自职业教育质量管理的特点。

进入20世纪，尤其是WTO成立以来，国际经济贸易快速发展，教育服务作为服务贸易的一部分，已成为发达国家贸易增长的重要因素之一。职业教育因其对经济的支撑和促进作用，使得职业教育的国际化交流得到各国的重视。世界各国纷纷借鉴学习发达国家的职业教育经验，教育服务贸易和国际职教发展催生了职业教育国际化各类交流平台的诞生。在职业教育质量管理标准领域，真正具有全球权威性，并被所使用的国家认可的职业教育质量管理体系——ISO 29990便应运而生了。自其诞生的短短6年间，ISO 29990已被世界上200多个国家所应用，客户群遍及欧洲、亚洲、美洲，处于快速发展阶段。

在 ISO 29990 诞生之前，ISO 9000 系列国际质量标准已在产业界获得了极大成功，促进了国际间经济贸易的发展，并被很多国家引入教育领域进行质量管理，积累了不少成功的案例和经验。ISO 29990 的产生，首先带有 ISO 族系列管理标准的基因，也吸收了 ISO 9000 系列在教育领域已取得的成功经验，因此，其针对性和适应性更加完善。

第一节　ISO 9000 国际质量标准的产生与全球化发展

ISO 9000 质量标准的起源是由西方的品质保证活动发展起来的。第二次世界大战期间，因战争扩大，武器需求量急剧增长，美国国防部为此而千方百计扩大武器生产，同时又要保证质量。当时美国的军工企业大多数还停留在管理的初级阶段，没有形成一套现代意义上的科学管理方法，主要是领班或工头凭借经验管理一个班组进行生产，管理、技术全靠人的自觉发挥。而一个领班或工头管理的人数很有限，大规模生产的有序化没有形成，无法发挥生产能力的最大限度，难以满足战争的需求。于是，美国国防部组织大型企业的技术人员编写技术标准文件，开设培训班，对工厂的员工进行大量培训、训练，使其能在短时间内学会工艺规则并识别工艺图，掌握武器制造所需的关键技术，从而将专用技术迅速"复制"到其他相关制造企业。这个具有技术化、流程化的管理做法改变了落后的管理局面，提高了生产效率，有效解决了战争对武器生产提出的难题。

第二次世界大战后，美国国防部将该宝贵的"工艺文件化"经验进行总结、丰富，编制更周详的标准在全国工厂推广应用，并取得了令人满意的效果。后来，美国军工企业的这个经验很快被其他工业发达国家军工部门所采用，并逐步推广到民用工业，在西方各国应用发展起来。随着上述扩大生产、规范管理和品质保证活动的迅速发展，各国的认证机构在进行产品品质认证的时候，逐渐增加了对企业的品质保证体系进行审核的内容，这就是工业企业质量产品体系形成的开端。

一、国际标准化组织（ISO）

第二次世界大战后的 1945 年 10 月，根据不断发展的产业界的推动，联合国标准协调委员会在美国召开了全体委员大会，做出了成立一个新的、永久性的国际标准组织的决定。1946 年 10 月，美国、英国、法国、中国、印度等 25 个国家的代表在英国伦敦召开会议，同意成立新的国际标准化机构，并命名为国际标准化组织（International Organization for Standardization，简称 ISO）。在此会议上，还讨论了 ISO 的章程、细则等。1947 年 2 月，ISO 正式宣告成立。当时出席 1946 年 10 月英国伦敦会议的 25 个国家成为 ISO 的创始成员国。

国际标准化组织是目前规模最大的国际科学组织之一，也是当今最大、最具权威性的非政府组织的国家标准化专门机构，总部设在瑞士的日内瓦，至今已经拥有 150 多个成员国。我国是其成员国之一，而且是其创始成员国之一。

ISO 的宗旨是：在全世界范围内，促进标准化工作及有关活动的开展，以利于产品和服务的国际交往，并扩大在知识、科学、技术和经济领域的合作。其主要工作内容是：制定和出版 ISO 国际标准，并采取措施在全世界范围内实施；协调世界范围内的标准化工作；组织各成员国和技术委员会进行技术、情报的交流；与其他国家机构合作，以共同研究标准化问题。目前，在 ISO 组织中，有 2 800 多个专业技术机构。每年各国有近 3 万名专家参与 ISO 各个机构的工作。其主要工作内容是 ISO 各类标准的定制、推广等。至 20 世纪末已经制定的标准总数达到了 12 000 多个。

ISO 组织包括 2 800 多个专业技术机构（技术委员会 TC 185 个、分技术委员会 SC 611 个、工作组 WG 2022 个、特别工作组 38 个）。国际标准化组织质量管理和质量保证技术委员会（ISO/TC176）就是其中一个。

ISO/TC176 是 ISO 组织为了适应质量认证制度的实施，于 1971 年正式成立的认证委员会（CERICO），后于 1985 年改称为合格评定委员会（CASCO）。在 ISO 组织于 1979 年 9 月召开的理事会全体会议上通过了一项决议，决定在原来的 ISO/CERICO 第二工作组质量保证的基础上，单独建立质量保证技术委员会 TC176，集中精力致力于质量保证领域内的标准化问题的研究，并负责制定质量体系的国际标准。1987年又在挪威举行的会议上将TC176更名为"质量管理和质量保证技术委员会"，负责制定并发布质量管理标准，以指导世界性的质量管理工作。

在这些分委员会下面，又分设若干个工作组，分别负责各项标准的制定、修订工作。ISO 9000系列标准就是由TC176下属的分委员会负责修订的。

二、ISO 9000 质量管理标准的产生

20世纪50年代，科学技术日新月异，交通通信日趋发达，世界各国经济日益发展。世界性的贸易随着国际交往的频繁，已经有了长足的发展。各类产品和服务已经走出了国门，由此开始出现了产品国际化大趋势，随之又产生了不少的产品国际化问题，进而产品责任国际化的问题也逐年增多，这就促成了对产品标准问题国际化的一种追求。为了给世界各国之间的经济、技术合作提供一种国际通用准则，使国际贸易得到稳步、积极、持续的发展，国际化通用质量准则就显得尤为迫切和需要。

（一）ISO 标准的产生

20世纪60年代进入全面质量管理阶段以后，为了进一步提高和控制产品质量，陆续提出了诸如质量保证、质量责任、质量经济、质量文化、质量控制、质量改进等一系列新的理论，于是一系列质量保证标准也陆续出台。美国国防部在1959年发布了MIL-Q-9858A《质量大纲要求》之后，又发布了《检验系统要求》《承包商质量大纲评定》等。从而有一整套较为完整的质量保证的文件用于实践。紧接着英国、加拿大、挪威等国家也制定了质量保证的国家标准，20世纪70年代后期，英国国家认证机构英国标准协会（BSI）首先开展了单独的品质保证体系的认证业务，使品质保证活动由第二方审核发展到第三方认证，受到了各方面的欢迎，进一步推动了品质保证活动的迅速发展。通过3年的实践，BSI认为，这种品质保证体系的认证适用面广、灵活性大，有向国际社会推广的价值。

于是，在1979年，英国向ISO提交了一项建议。为使国际质量标准与管理具有通用与可比性，以增加经济的往来和发展，ISO根据BSI的建议，

当年即决定在 ISO 认证委员会"品质保证工作组"的基础上成立"品质保证委员会"。1980 年，ISO 正式批准成立了"质量保证技术委员会"（即 TC176）并着手这一工作，从而推动了 ISO 9000 族标准的诞生，建立了国际上独立的质量体系认证制度。

如，1986—1987 年，ISO 公布了以下 6 个标准：

ISO 8402：1986《质量—术语》

ISO 9000：1987《质量管理和质量保证标准——选择和使用指南》

ISO 9001：1987《质量体系——设计、开发、生产、安装和服务的质量保证模式》

ISO 9002：1987《质量体系——生产、安装和服务的质量保证模式》

ISO 9003：1987《质量体系——最终检验和试验的质量保证模式》

ISO 9004：1987《质量管理体系和质量体系要素指南》

上述 6 项国际标准，通称为 ISO 9000 系列标准（1987 版）。

1987 年 ISO 9000 系列标准正式出台后，为了加强产品质量管理，适应品质竞争的需要，各国大企业尤其是跨国企业，纷纷采用 ISO 9000 系列标准在企业内部建立质量管理体系，申请质量体系认证，很快形成了一个世界性的潮流。进入 21 世纪，质量已经成为社会六大元素之一，产品和服务也越来越具有社会化甚至国际化的性质，与之相应的国际质量管理组织日益发挥更大的作用，国际标准进一步增加和完善，ISO 9000 系列满足了社会质量管理（又称"标准管理"）新阶段的需要。

由于 1987 年版系列标准是国际标准化组织根据发达国家军工标准编制而成的，具有明显的硬件加工行业的特点，不利于其他行业的应用。为此，1994 年国际标准化组织对 1987 版 ISO 9000 系列标准做出了"有限修订"。

1994 版 ISO 9000 系列标准保持了原有标准的总体结构不变，仅仅对局部进行修改，即"有限修改"，包括以下 6 个标准：

ISO 8402：1994《质量管理和质量保证——术语》

ISO 9000－1：1994《质量管理和质量保证标准——第一部分：选择使用指南》

ISO 9001：1994《质量体系——设计、开发、生产、安装和服务的质量保证模式》

ISO 9002：1994《质量体系——生产、安装和服务的质量保证模式》

ISO 9003：1994《质量体系——最终检验和试验的质量保证模式》

ISO 9004-1：1994《质量管理体系和质量体系要素——第一部分：指南》

往后，ISO/TC176继续开展了大量的工作，使标准的总数量达到了27个，组成了一个庞大的"家族"，故称之为1994版ISO 9000族标准。其他21个标准为：

ISO 9000-2：1993《质量管理和质量保证标准——第二部分：ISO 9002、ISO 9003实施通用指南》

ISO 9000-3：1993《质量管理和质量保证标准——第三部分：ISO 9000在软件开发、供应和维修中使用指南》

ISO 9000-4：1993《质量管理和质量保证标准——第四部分：可信性大纲管理指南》

ISO 9004-2：1991《质量管理和质量体系要素——第二部分：服务指南》

ISO 9004-3：1993《质量管理和质量体系要素——第三部分：流程性材料指南》

ISO 9004-4：1993《质量管理和质量体系要素——第四部分：质量改进指南》

ISO 10005：1995《质量管理——质量计划指南》

ISO 10006：1997《质量管理——项目管理指南》

ISO 10007：1995《质量管理——技术状态管理指南》

ISO 10011-1：1990《质量体系审核指南——审核》

ISO 10011-2：1991《质量体系审核指南——质量体系审核员的评定准则》

ISO 10011-3：1991《质量体系审核指南——审核工作管理》等。

随着WTO的发展，成员国迅速增加，各国间贸易量不断上升，经济、服务、教育的往来增多，国际化标准成为搭建国与国之间服务贸易往来的重要对接手段。教育服务贸易也成为新的增长点，其国际化的质量标准和质量保障也成为教育服务竞争的重要手段。目前，ISO 9000已在全世界1 500多个国家和地区的各类企业、行业、领域得到广泛应用。

（二）2000 年版 ISO 9000 标准简介

ISO 9000 系列标准是在企业追求规模生产和提高质量的要求下发展起来的，尤其是制造业，是 ISO 系列标准产生的依托，因此，ISO 9000 系列标准最早是应用于制造业类企业管理。但随着各类企业以及服务类经济的发展，其管理内容和标准内涵也不断充实和发展。

随着 1994 版 ISO 9000 族标准的广泛应用，各国在使用的实践中不断发现存在的问题，不同类企业运用 ISO 9000 进行质量管理也总结出不同的经验。这些都极大地促进了 ISO 9000 质量标准的完善和发展，从而催生了 ISO 9000 版本的改进和 2000 年版的诞生。从结构和内容上看，2000 版 ISO 9000 族标准（2000 版 ISO 9000、ISO 09200 等）具有以下的鲜明特点：

1. 适用范围更广

2000 版 ISO 9000 族标准适用于所有类型的产品及不同规模、不同类型的行业和组织，是适用范围最广的国际标准，也是自 ISO 9000 系列标准诞生后，应用最广和发展最快标准。

2. 运用新的过程要求

新版标准将原来按含义套用 20 个体系要素改为运用新的过程要求，在消除了 1994 版标准对硬件产品、行业的偏向性之外，还在以下两个方面做出了修改：

（1）允许在 2000 版 ISO 9001 基础上增加行业特殊要求的条款，这就为特种行业制定行业的附加要求奠定了共同的基础。

（2）删减的规定使 2000 版 ISO 9001 标准的适用范围扩大到各种类型组织。同时减少了文件化的要求（必备的程序文件由 1994 版的 17 个减少到 2000 版的 6 个），只要求组织具备根据所期望的结果，在证实其质量管理体系进行了有效的策划、运作、控制方面所需的文件。

3. 更强调过程方法

2000 版 ISO 9000 族标准采用了过程方法模式，强调了过程间的联系和相互作用，体现出较好的相关性。采用过程方法模式比 1994 版 20 个质量体系要素的长处在于实现了以过程的连续性替代 20 个要素的间断性。同时 2000 版 ISO 9000、9001、9004 标准引言中不仅以图示方式说明过程方法模式，而且该图示还凸显了 PDCA 循环的工作原理，构成了 2000 版 ISO 9000

族标准一大特色。

4. 相容性更强

1987 版 ISO 9000 族标准发布之后，尽管环境管理体系（EMS）国际标准于 1996 年才正式发布，但国际标准化组织 TC176 和 TC207 两个技术委员会在 ISO 9000：2000 族标准修订之前就成立了联合工作组，共同负责两类标准的协调工作，促成了质量体系与环境管理体系的相容。

5. 更兼顾各相关方利益

2000 版 ISO 9000 族标准更多地考虑了除顾客以外的，包括组织的所有者、员工、供应方、银行、工会、合作伙伴或社会等在内的所有相关方的需求和期望，更注重这些相关方的利益需求。

6. 持续改进更深入

2000 版 ISO 9000 族标准中，ISO 9001 和 ISO 9004 两个标准的互动，体现了只有持续不断地改进业绩，才能不断满足顾客的要求，取得持续不断的成功。上述两个标准正作为协调一致的标准在使用。

7. 顾客更满意

质量概念的延伸，促进了人们理解的深化。质量得到保证，自然就延伸到满足顾客乃至社会要求的程度。这就明显地看出质量保证范围的扩大和层次的提升。2000 版 ISO 9001 标准的要求，除客观、积极地反映了产品质量保证之外，还更多、更突出地强调了顾客（或社会等）的满意程度。

8. 领导作用更突出

一个好领导能救活一个企业，一个不合格的领导能搞垮一个企业。因此，世界著名的质量管理专家们把"领导作用"归纳入八项质量管理原则之中。建立在这一原则基础之上的 ISO 9000 族标准，便自然地凸显出"领导作用"。2000 版 ISO 9001 标准要求，更强调了一个组织的领导必须对建立和运行质量管理体系做出承诺。

9. 全员参与更明显

采用过程方法模式的 2000 版 ISO 9000 族标准，都得依靠全过程中不同岗位的责任者去贯彻、实施、执行。而且贯彻、实施、执行的程度直接影响到质量管理体系运行的质量。全员参与体现了"以人为本"。只有全员参与，组织才能取得持续成功，获得最大的效益。因此，"全员参与"成为八项质量管理原则之一。建立在这一原则基础上的 2000 版 ISO 9000 族标准显示出全员参与的重要性。

10. 思想、理念更强

2000 版 ISO 9000 族标准体现了质量管理的八项原则，而这一原则是世界知名质量管理专家们用最概括的语言归纳、整理、表述出的质量管理的更全面的思想和更深刻的理念。即以顾客为关注焦点、领导作用、全员参与、过程方法、管理的系统方法、持续改进、基于事实的决策方法、与供方互利的关系。

11. 结构更简单

经过彻底修订的 2000 版 ISO 9000 族标准总体结构做了较大的调整，将 1994 版 ISO 9000 族 27 个标准全盘做了重新安排，仅留存 4 个核心标准，结构更简单。

ISO 9000 系列标准为国际上经济与技术合作搭建了一个平台，提供了一个国际通用的准则。它不仅可以帮助组织实施并有效地运行质量管理体系，还是质量管理体系通用的要求或指南，同时它还不受各种类型和各种规模的组织、各种行业和各种经济部门的限制。ISO 9000 系列标准，为有效地开展国际贸易、避免贸易摩擦、适应国际经济一体化趋势的需要起到了极大的促进作用。促进并提高组织质量管理水平，提高用户的满意程度，同时提高组织面对国内外市场的竞争压力，改善工作效率，激发员工参与质量管理的积极性。

三、ISO 9000 质量管理标准的全球化发展

ISO 9000 系列质量标准的诞生，使企业能够按照国际化通行标准管理质量，也扩大了标准在其他领域的应用。通过 ISO 9000 质量体系认证，可以全面提高组织的管理水平和市场竞争能力，不断提高工作效率和降低质量成本，综合提高组织的形象和产品的可信度，这也正是 ISO 9000 族标准在全世界迅速应用的原动力。有不少国家或地区的政府甚至规定，有关组织要把获得质量管理体系认证证书作为进入市场的准入证，否则取消其接纳业务的资格。

1987 版 ISO 9000 族标准发布之后，陆续被各国所采用，至今已经成为国际标准化组织发布的标准中发行量最大的标准。标准各年被各国家和地区

采用情况见表2-1。

表2-1 ISO 9000 族标准各年被采用情况

年份	采用国家和地区数/个	备注
1987	21	除日本以外的工业发达国家
1989	40	国家和地区
1997	100	国家和地区
1998	141	国家和地区
2015	150	国家和地区

由表2-1的数据中可以看出，采用ISO 9000族标准的国家和地区数呈逐年递增趋势，这正反映了ISO 9000族标准已经成为需方对供方提出质量管理体系要求和供方用来证实自己能力的一个重要依据。随着全球经济一体化的到来，ISO 9000族标准为消除国际贸易摩擦所起的作用日趋明显。贯彻、实施ISO 9000族标准，进行质量管理体系认证有利于提高产品质量，有利于增进贸易的发展，特别是国际贸易的发展。

中国是国际标准化组织创始成员国之一。对于ISO/TC176技术委员会的"全国质量管理和质量保证标准化技术委员会（CSBTS/TC151）"，中国不仅参与了有关国际标准和国际指南的制定工作，还担负着把ISO 9000族标准转化为我国国家标准的重任。

当国际标准化组织1987年正式公布ISO 9000族标准之后，我国于1988年12月也正式发布了等效采用ISO 9000族标准的GB/T1 0300系列国家标准，并于1989年8月1日起在全国实施。

随着改革开放的深入，我国加快了经济国际化的进程。为了加速与国际接轨，要求用ISO 9000族标准作为互认的条件，在1992年5月全国质量工作会议上决定等同采用ISO 9000族标准，并发布了等同采用1987版ISO 9000族标准的GB/T 19000—1992国家标准。

1994年，ISO 9000：1994版ISO 9000族标准公布之际，我国又及时发布了1994版的GB/T 19000，等同于1994版ISO 9000族标准。

2000年12月28日，我国再一次发布了2000版GB/T 19000等同于ISO 9000：2000族的三个核心标准，即GB/T 19000—2000、GB/T 19001—2000、GB/T 19004—2000标准，并于2001年6月正式实施。

随着质量管理在国际上的应用，ISO 也在不断修改 ISO 9000 系列质量管理体系标准，以适应管理的进步。目前最新的 ISO 9001：2015 已于 2015 年 9 月发布，与 ISO 9001：2008 相比较，新版 ISO 9001：2015 主要有以下变化：ISO 9001：2015 版淡化了《质量手册》和《程序文件》的文件形式，统一用"形成文件的信息"取而代之；淡化了"记录"这两个规定字符，统一用"活动结果的证据"取而代之。同 2008 版本一样，ISO 9001：2015 版标准几乎每个条款用的都是"动词"，如评审、验证、确认等；也就是说 ISO 9001：2015 版关注的仍然是：你是否有"动作"（即实干）。关注和强调"动作"的存在和有效性，2015 版本比 2008 版本有进一步的强化。同时 2015 版明确要求基于风险的思维，以支持和改进对过程方法的理解和应用；减少规定要求，强调基于对 ISO 理念和标准理解的基础上加强过程管理体系的应用；更少强调文件化，而是注重对"实干"的强调；改善对服务业的适用性；对组织的环境更重视，以利于组织利用环境发展；增加领导力的要求，以提高组织执行和贯彻的能力；更加注重取得的预期成果，以提高客户满意度。

第二节　ISO 9000 国际质量标准在教育领域的应用

ISO 9000 在企业界的成功应用，也使教育界了解其理念的先进性与管理策略的可靠性。同时，ISO 组织根据日益扩大的影响，在 2000 版 ISO 9001 基础上增加行业特殊要求的条款，这就为特种行业，包括教育等行业制定行业的附加要求奠定了共同的基础。

一、国内外关于 ISO 9000 应用教育领域的研究观点

ISO 系列标准能否应用到教育领域的问题引起了众多专家的关注，多年来，国内外各类院校引进 ISO 9000 进行质量管理体系建设，进行了大量的实践与尝试，积累了很多成功的案例。

（一）国外专家的主要观点

英国学者 Malcolm Frazer 在 *Quality Assurance in Higher Education*（《高等教育质量保证》，1992）一文中认为，"ISO 9000 的一些要素虽然是为企业而设立的，但我们仍可以从中直接或间接学到不少东西，将其应用到教学领域。在人们尚不能制定出监测教学质量的有效标准之前，在教育中引入 ISO 9000 无疑是一个比较理想的选择"。美国学者 Ralph G. Lewis 与 Douglas H. Smith 在 *Total Quality in Higher Education*（1994）中认为："将 ISO 9000 族标准应用于高等教育教学质量管理体系并不是一件容易的事，关键在于把握这些标准与高校教学的相关性。"美国学者 Bevans‑Gonzales 与 Nair 在其研究报告 *Strengths and Weaknesses of ISO 9000 in Vocational Education*（2004）中就美国的 9 所职业院校运行 ISO 9000 的状况进行了分析，并认为建立质量管理体系能有效提高学校的管理水平，当然也存在耗时较多等缺点。Nina Becket 与 Maureen Brookes 在 *Quality Management Practice in Higher Education*（2008）一文中就目前高等教育中运用的各种质量管理模式进行了比较，并认为 ISO 9000 质量管理体系融入了全面质量管理的理念，不仅能提高学校管理的有效性及高效性，还增强了学校的服务功能，使得学校在过程管理、教育教学质量等多方面不断得到持续改进。ISO 9000 质量管理体系使教育组织的各项复杂的教育活动都处于有计划、有记录的可控状态，极大地促进了教育管理向科学化和规范化发展。

ISO 9000 作为被联合国教科文组织所大力推崇的质量标准，越来越受到教育界的重视，国内外已有众多院校采用该质量管理体系，并使学校的管理水平得到了较大的提升。英国标准学会（BSI）根据 ISO 9000 系列标准的原理，制定了《教育和培训领域的管理体系指南》供大学或培训中心等教育机构建立质量体系。美国等其他发达国家也非常重视教育管理的国际认证。世界上越来越多的教育机构通过了 ISO 9000 认证，其中包括哈佛大学、剑桥大学、牛津大学等名牌大学。

（二）国内专家主要观点与应用研究现状

2009 年，中国国家标准化管理委员会发布了中华人民共和国国家标准化指导技术文件《质量管理体系 GB/T 19001 在教育组织中的应用指南》，推动了 ISO 9000 族标准在我国教育领域发展应用的进程。对于学校引入 ISO 9000 标准建立教育质量管理体系，很多学者持肯定的态度。屠群锋（2003）认为"学校建立 ISO 9000 质量管理体系并通过认证，是教育界应对国际教育市场竞争所必需的步骤，是保证学校高质量及与国际接轨的重要手段，是教育市场未来发展的必然趋势"。周长春（2008）在其著作中指出："学校贯彻 ISO 9000 族标准可以用最少的投入获取最大的利益，有利于打造教育品牌，提高办学效益"。王家爱（2009）认为："高等教育引入 ISO 9000 质量认证是提高教育教学服务质量的有效措施和途径"。赵常学（2010）认为高等学校引入及实施 ISO 9000 族标准，可以进一步使学校的质量管理理论得到完善，使学校的管理体系得到健全，同时使学校的质量管理工作得到有效规范，最终达到提高教育教学服务质量的目的，满足学生、家长、用人单位及社会多方面的需求，提高学校的影响力及声誉度，提高学校在教育市场中的核心竞争力。

在高职院校引入 ISO 9000 标准方面的研究成果较多，其中较有影响的有广东建设职业技术学院院长赵鹏飞 2012 年发表于《黑龙江高教研究》上的《试析 ISO 9000 质量管理体系在高职院校的运用》，文中分析了高职院校引入 ISO 系列标准的可行性以及引入 ISO 标准的技术路线与流程，认为推行 ISO 9000 族质量管理标准是构建教育保障体系的有效途径。潍坊职业技术学院院长王家爱于 2007 年 6 月在《潍坊高等职业教育》上发表的《关于高职院校导入 ISO 9000 族质量管理体系的思考》，阐述了基于 ISO 9000 标准的质量管理体系的设计。南通航运职业技术学院副院长施祝斌（质量体系管理者代表）的《高职院校建立和运行质量管理体系的实践研究》，认为高职院校运用 ISO 9000 族质量管理标准建立和运行质量管理体系，是提高教育教学管理水平和人才培养质量的重要手段，也是和国际全面接轨的重要途径。文章结合实际分析了在高职院校运行教育质量管理体系带来的变化和存在的主要问题，提出了提高质量体系运行有效性的措施，以及学校进行 ISO 9000 质量管理体系认证的可行性。

也有一些人认为，ISO 9000 质量管理体系因发端于企业，因此更适用于企业或产业；教育教学有其特殊性，应用 ISO 族标准会带来大量烦琐的工作、不够灵活等问题。

为此，很多学者认为，教育属于服务行业，它的服务过程是：①教育有供方和顾客，符合供方→服务→顾客的供需链；②教育有输入、输出的过程，遵从顾客进入→接受服务→顾客走出的服务过程。所以，教育是作为具有公益性质的服务行业而呈现的。学校和教学过程就是为学生提供服务的过程，简单地说，学校教育的产品是服务。因此，学校的教学教育过程符合一般管理的定义和 ISO 所定义的管理过程的一般规律，同样也适用于 ISO 体系涉及的范围。也就是说，学校借鉴 ISO 9000 质量标准构建管理体系，是符合管理的一般规律，有其科学和理论的依据，也符合现代职业教育的理念和观点。它能够保证学校提供给学生的教学内容质量的提升，但因学生个体的差异，并不能保证每个服务对象增值量的相同。所以，体系在企业运用与学校运用中，看到的将是学校提供给服务对象的服务产品与企业规格化的有形产品所存在的截然不同的差别，但不能因它们的这种差异而否定教育具有过程管理及过程管理质量的特点。因此，教育行业开展 ISO 9000 质量管理体系认证，是为学生提供优质教育服务，逐步与国际教育接轨的有效手段。

按照 ISO 的要义，建立管理体系，重要的前提是理解和掌握其理念和要素，并根据单位的实际，制定符合自身情况的质量管理体系，ISO 并无复杂的体系文件和规定。

ISO 管理体系效率的发挥与效果在于"量身定做"，也就是符合自身的特点。体系并不是做得越完善越好，这就会走到增大工作量、带来烦琐管理环节的路子上，这是在体系建立过程中应该避免的典型的"完美主义"想法。建立质量体系不是写文章，它侧重于管理改进的实际效果；体系不是越复杂越好，只要不违背标准，应是越简单越好。

总体来看，目前对 ISO 族质量标准在教育领域中运用的研究，一般质量管理研究的成分较多，学校、教育、教学本体的东西较少；移植的成分较多，本土化不够；尚处在理论探索阶段，实践效果如何还有待时间检验。在职业教育领域，同样泛泛研究居多，实证性研究偏少。在国内，由于教育体制的改革相对滞后，国内教育管理界的人士对国际标准关注不够，因此，ISO 族标准引入教育行业至今已 10 多年，但仍少有系统全面地论述和梳理教育管理与 ISO 族标准的代表性著作。

二、国内职业院校引入 ISO 9000 系列的应用情况

我国教育领域教育管理 ISO 9000 认证工作起步时间不长,最早通过 ISO 9000 认证的是几所航海类高校,如青岛远洋船员学院、上海海事大学、上海海运学院、大连海事大学等高校。此后,又陆续有一批普通类高等院校,如北京邮电大学、武汉交通科技大学等也相继通过了认证。2001 年初,教育部就我国各类学校的管理标准问题召开了研讨会,会议强调了要加强对 ISO 9000 标准的应用。会议认为,ISO 9000 标准的核心思想与教学质量管理体系的宗旨是相吻合的。

在高职院校中,引进建设或通过 ISO 9000 管理体系的有:2007 年 5 月三门峡职业技术学院顺利通过了 ISO 9000 质量管理体系认证;2006 年 3 月 15 日兰州石化职业技术学院获质量管理体系认证证书,标志着学院正式通过了 ISO 9001 质量管理体系认证;淮安信息职业技术学院于 2007 年 4 月 11 日与昆山恒新企业咨询服务有限公司签订合同,正式启动 ISO 9000 质量管理体系贯标工作。

在高职院校中,引入 ISO 9000 质量管理体系较为成功的院校如:北京信息职业技术学院,2006 年"借鉴 ISO 9000 质量管理标准,建立高等职业教育教学质量管理与保障体系"课题作为校内重点课题立项研究。经过多年持续不断的研究和实践,学院教育教学质量管理与保障体系建设取得了大量的成果,完整地将 ISO 9000 质量管理体系标准转化成适用于高职院校教育教学管理的标准,开发了《质量管理手册》《控制程序及工作规程》等一整套质量管理文件体系,并将这些成果运用于学院的管理之中,取得了很好的效果。其应用成果《基于 ISO 9000 质量管理体系标准的高等职业教育教学质量管理与保障体系研究实践》(武马群等)获得了 2014 年国家级教学成果奖二等奖。

山东职业学院经过前几年的快速扩张,办学规模与办学条件都比原来有了很大的改善,外延发展已基本完成,2011 年,学院提出应该抓提升内部管理和提高教育教学质量的内涵发展。学院结合国家骨干高职院校建设的契机,夯实管理基础,提升管理水平,大力促进内涵式建设,采用 ISO 9000 标准构建学院教学质量管理体系。学校通过建立、实施并持续改进质量管理体

系，使学校管理规范化、制度化、科学化、有效化，是山东职业学院在提升管理水平上做出的一次重大尝试。

另外，根据高职院校办学特性以及有关行业专业认证体系建设的特点，青岛远洋船员职业学院选择的是交通运输部海事局船员教育和培训质量管理体系，审核依据是《中华人民共和国船员教育和培训质量管理规则》和我国有关船员教育和培训的法律、法规、规章及其他规范性文件的要求，以满足学院专业的特殊需要。

浙江交通职业技术学院选择的是交通部船员教育和培训质量管理体系，该认证是根据学院专业特点，依据《中华人民共和国船员教育和培训质量管理规则》、《中华人民共和国船员教育和培训质量体系审核实施细则》及其附录、STCW78/95公约和国家有关法规而进行的。通过认证，证明该院船员教育和培训质量体系符合《中华人民共和国船员教育和培训质量管理规则》的要求，并使学院的质量管理体系由原有的船员教育和培训质量管理延伸至全院各项工作，并纳入工作考核的重要组成部分，质量管理体系得以有效运行。

第三节　ISO 29990 国际职业教育质量标准的起源

2000 年以来，世界经济的快速发展，各国职业教育国际交往增多。随着 WTO 组织的不断扩大，教育作为服务贸易在国际经济交往中成为新的增长点。德国、澳大利亚、新加坡等职业教育发达国家的成功经验被越来越多的国家所借鉴和学习。在国际职业教育领域，如何构建国与国之间的交互平台，以适应职业教育各个层面的交流和对接，院校（学历层次）、专业和课程、质量标准是其三大关键。而质量标准更是 WTO 在进行教育服务贸易中解决相关问题的重要考量因素之一。因此，国际职业教育的质量标准是职业教育国际交流和国际化发展的必然选择。

一、ISO 29990 国际职业质量标准的产生

（一）吸取 ISO 9000 在教育领域应用的经验

虽然 ISO 9000 在全球教育界得到了很多应用，也有了很多成功的案例，但其局限性也一直处于探索和争论之中。其在教育领域的应用依然存在以下问题：一是条款用语以工业产业为主。ISO 9000 系列标准的产生是基于工业和经济的，标准用语多为"产品""设施""测量""监视"等，与教育用语在语义上相差较远，在教育领域实际应用时，难免存在理解的差异，存在不同组织理解的不同，在同行业中存在争论。二是体系过程基于产品生产过程，在具体标准中，是以产品生产过程为参照的。因此，相对于人的教育过程和属性可能难以概括，因此也引发了部分专家的质疑。虽然在 ISO 标准 2000 版中，增加了特殊条款和扩大了应用范围，以利于各行各业参照制造业制定符合本行业要求的 ISO 质量管理体系，然而，由于教育产业的特殊性和复杂性，依然难以得到所有人的认同。三是 ISO 9000 在产业界很成功，而教育界依然缺少影响较大的案例，或没有像产业界那样得到在各个国家的快速应用发展，因而对于职业教育的专属标准呼声日渐高涨。

（二）基于德国职业教育质量管理标准的基础

大约从 2000 年开始，德国的职业教育质量和质量保证引起了业界的广泛关注。但由于各国对职业教育质量管理体系并没有一个统一的标准，使得各国间的职业教育质量可比性不足。因此，许多国际组织，例如联合国教科文组织（United Nations Educational, Scientific, and Cultural Organization, UNESCO）和经济合作与发展组织（Organization for Economic Co-operation and Development, OECD），都将他们的注意力转移到了拥有他们授权的教育领域的质量保证标准上。

在 WTO 宣布将教育作为服务贸易总协定（GATS）国际服务贸易的 12 个主要领域之一这一背景下，教育服务的透明性和可比性的国际标准的必要性就显得尤为重要了。自从哥本哈根宣言（2002 年 11 月 29—30 日欧洲职业教育与培训部长和欧洲委员会在哥本哈根通过促进欧洲各国职业教育与培训

合作的宣言）之后，欧洲联盟加强了对教育的投入，各项措施一直在持续，并且包含其他国际和区域组织。ISO 组织观察到了这种国际化发展的要求，并对此给予更多的关注，将注意力转移到教育领域的标准化制定上。

许多国家都出现了在市场上保证更高的质量、透明度和客户服务等的要求，质量管理是解决这些挑战的重要工具。因此，德国出现了大量的德国标准化协会（Deutsches Institut für Normunge. V.，DIN）职权范围之外的教育领域质量管理体系，这种各自为战的局面不利于 WTO 教育服务国际化的发展趋势。由于德国各联邦州在教育方面的自主性，各州在职业教育质量管理上采用了各自不同的方案。有 ISO 9001 系列标准，也有 EFQM 模型的 Levels of Excellence（卓越水平）、专门针对进修的进修机构联合会的质量模型（DVWO）、以教学为中心的进修质量测试（LQW）以及质量发展体系 QESplus；专门针对学校的也同样有一些质量认证方案，如 Q2E（质量鉴定和开发），该质量认证来自瑞士，但在德国也拥有众多用户。它们是由不同的组织机构为各自的专门目标所开发的，有叠加的部分也有与各自目的相关的专门性。它们的共同点是都没有获得国际上的承认，没有普遍有效的标准，并且仅在较小的专业领域获得认可。

这种越来越多的教育服务提供者（Learning Service Provider，以下简称 LSP）使用质量管理体系（Quality Management System，以下简称 QMS）或质量保证体系的事实应该被视为一种进步、积极的发展。另一方面，包括和不包括外部认证的多元化体系的出现，导致 LSP 及其教育产品缺少透明度和可比性，造成了质量水平要求的下降和国际标准约束力的减弱。

一方面，越来越多的 LSP 使用 QMS 或质量保证体系，以及合格供应商数量增加的事实应该被视为一种进步、积极的发展。另一方面，包括和不包括外部认证的多元化体系的出现，导致 LSP 及其教育产品缺少透明度和可比性，造成了质量水平要求的下降和国际标准约束力的减弱。

在这一背景下，DIN 自主开发了一个只针对教育领域的国际 QMS。该质量管理体系的基础为 QM STAGE – MODEL，DIN 将其作为 PAS 1037：2004 [10]（德国教育服务公共规范，2004 年 10 月发布）。DIN PAS 1037 是根据许多 LSP 和教育 QMS 领域专家的实际经验编制的，适用于教育领域。此外，该体系采取了最高的实践水平，因此，该体系同样符合管理体系的相关 ISO 规定。然而，DIN 的目标并不是草率地将 DIN PAS 1037 作为一项 ISO 标准发布，从而简单地将新 QMS 附加到许多现有的 QMS 上。相反，DIN 意为编制一项建立在现有国内和国际教育 QMS 经验的基础上，可以达成广泛共识的国际标准，并将其继续发展下去。

带着这一目标，DIN 于 2006 年初成立了一个关于教育服务的特别工作组 Arbeitsausschuss Bildungsdienstleistungen（NA 159-02-04 AA），负责整理德国国内、欧洲和国际上存在的所有教育服务标准化建议。在特别工作小组的提议下，DIN 提出了编制 ISO/TC 232 "职业教育和培训学习服务"的要求，并提出了在 DIN PAS 1037 的基础上，开发一个质量管理体系的提议。这两项倡议都得到了其他国家标准化组织的积极响应，并给予技术配合与合作。

2007 年初，ISO/TC 232 发布其工作内容，并成立一个由教育者、设计人员、科学家和医生组成的国际小组，开始开发新的国际标准。经过 3 年的努力，一个建立在国际职业共通、发展基础上的教育管理体系的质量模型标准初步提出。

ISO 组织总结了 ISO 9000 在教育领域应用的经验和前期德国职业教育质量管理体系 DIN PAS 1037 在德国职业院校和培训机构应用的经验，二者结合，并以德国等职业教育发达国家为主体成立的国际标准技术委员会 ISO/TC 232，因应教育行业特别是全球职业教育品质管理的需求，制定了 ISO 29990《职业教育与培训的学习服务——学习服务提供者基本要求》。

2010 年 9 月，国际标准化组织发布新标准——《职业教育与培训的学习服务——学习服务提供者的基本要求》（Learning Services for Non-Formal Education and Training—Basic Requirements for Serviceproviders，即 ISO 29990：2010），该标准旨在提高全球职业教育和教育培训的质量。

若将 ISO 29990：2010 拆开来看，可分为三部分解读："ISO"指的是国际标准组织；"29990"，至今已成立 67 年的 ISO，历年来已针对不同产业制定不同者的品质标准，并为不同的品质系统命名，因此"29990"并非数字上的特殊意义；"2010"代表这套系统是由 ISO 在 2010 年公布的版本。

ISO 29990 和 PAS 1037 之间的关系：德国标准 PAS 1037 为国际标准 ISO 29990 的发生奠定了基础，给予该体系内容蓝本和方向。在某些方面，ISO 29990 可以看作是对 PAS 1037 的进一步微调。那些已使用 PAS 1037 作为导向的组织，会发现很容易根据 ISO 29990 的实施模型来改进和实践。

相比于 ISO 9000，ISO 29990 是专门针对职业教育而开发的。该管理体系具有以下特点：注重教学和学习过程；对于教育者的需求和其他客户的定向反馈、监控和评价是标准的关键组成部分；注重教师的能力建设。目前国外已经有 800 多家教育和培训机构通过了 ISO 29990 的认证并取得了良好的效果，目前国内还未有取得 ISO 29990 标准认证的职业院校的相关报道或文章。

二、ISO 29990 国际职业教育质量标准条款的改进

ISO 29990 的推出，基于 ISO 族管理的内涵和理念，总结了 ISO 9000 系列标准多年来在各国教育领域推广的成功经验和不足，并以德国标准化组织的体系为基础，因此，在一定意义上具有广泛的国际化共识和德国职业教育管理的痕迹。

（一）ISO 29990 与 ISO 9000 系列的条款对比

表 2-2　ISO 29990：2010 与 ISO 9001：2008 之间的对照

ISO 29990：2010		ISO 9001：2008	
1	范围	1 1.1 1.2	范围、总则、应用
2	术语和定义	3	术语和定义
3	学习服务	7	产品实现（仅限于标题）
3.1	学习需求的确定	7.2	与顾客有关的过程（仅限于标题）
3.1.1	概述	—	—
3.1.2	利益相关方的需求	7.2.1	与产品有关的要求的确定
3.1.3	学习内容和学习过程	—	—
3.2	学习服务的设计	—	—
3.2.1	界定目标和范围	7.1	产品实现的策划
3.2.2	界定学习迁移的支持和监测	—	—
3.2.3	教学方案		

续上表

ISO 29990：2010		ISO 9001：2008	
3.3	学习服务的提供	7.5	生产和服务提供（仅限于标题）
3.3.1	信息和引导	—	—
3.3.2	确保学习资源的可用性和可获得性	6.3	基础设施
3.3.3	学习环境	6.4	工作环境
3.4	学习服务交付的监测	8	测量、分析和改进（仅限于标题）
3.5	学习服务提供者实施的评介	8.1	总则
3.5.1	评价目标和范围	—	—
3.5.2	评价学习	8.2.4	产品的监视和测量
3.5.3	评价学习服务	8.2.3	过程的监视和测量
4	学习服务提供者的管理	4	质量管理体系（仅限于标题）
4.1	管理的基本要求	4.1 4.2 5.5.2	总要求 文件要求（仅限于标题） 管理者代表
4.2	战略和业务管理	5.1，5.3 5.4，5.5	管理承诺，质量方针，策划，职责、权限和沟通
4.3	管理评审	5.6	管理评审
4.4	预防和纠正措施	8.5.2 8.5.3	纠正措施、预防措施
4.5	财务管理和风险管理	—	—
4.6	人力资源管理	6.2	人力资源（仅限于标题）
4.6.1	学习服务提供者工作人员和合作者的能力	6.2.1	总则
4.6.2	服务提供者能力、绩效管理和职业发展评价	—	—
4.7	沟通管理（内部/外部）	5.5.3	内部沟通
4.8	资源分配	6.3	基础设施

续上表

	ISO 29990：2010		ISO 9001：2008
4.9	内部审核	8.2.2	内部审核
4.10	利益相关方的反馈	8.2.1	顾客满意
附录A（资料性附录）	业务策划的内容	4.2	文件要求（仅限于标题）
附录B（资料性附录）	管理体系信息评审	—	—
附录C（资料性附录）	纠正和预防措施	8.5.2 8.5.3	纠正措施、预防措施
附录D（资料性附录）	学习服务提供者核心能力示例	—	—

（二）ISO 29990 质量标准的优点

可以看出 ISO 29990 以 ISO 9000 框架为基础，遵从 ISO 系列标准的理念，遵从计划、执行、反馈、改进的循环过程。由于 ISO 9000 有其广泛的应用性，ISO 29990 在条款中，完全结合了教育与教学的特点，条款更易理解和应用于教育领域，排除了 ISO 9000 在教育领域应用中理解不准确的问题，针对职业教育的教学特点制定相应条款，具体在以下几个方面体现了其优越性。

1. 学习服务

ISO 29990 明确提出了学习服务的概念和要求。定义了职业院校或培训机构为学习服务的提供者（LSP）。这里首先提出了一个明确的概念，即职业教育的产品为院校或培训机构所提供给顾客（学生）的优质课程或教学产品。学生作为顾客（最重要的顾客），接受 LSP 提供的服务。因此，学校或培训机构首先应确立服务的市场化理念。鼓励以学员和学习过程为中心，并加强对学习服务有效性的全方位评价观念。从而改变了 ISO 9000 系列所通用的"产品实现"的名称，融入了更多现代职业教育的理念和内涵。

2. 学习需求的确定

ISO 29990 规定，任何学习服务的提供，都必须基于对学习服务需求的分析、确定基础上。即学习服务的提供在设计学习服务内容前,必须对顾客(学生、家长、用人单位、政府、教师等利益相关方)进行需求调研,通过对顾客需求调研的统计,分析确定学习服务的设计内容。要求一定要反馈给顾客,并确信得到顾客的认同。这在极大程度上保证了学习服务提供的针对性和适应性。而 ISO 9000 条款中"与顾客有关的过程",由于其广泛的适用性,在教育领域应用时难免会有不到位的理解。

3. 确保学习资源的可用性和可获得性

ISO 29990 条款并不具有复杂的内容,但其理念更强调"说到做到"的严谨精神。ISO 29990 条款 3.3.2 规定,学习服务所涉及的学习资源,要在管理体系中予以明确管理的人员、职责,并使其处于正常运行的状态,即确保处于可用性和可获得性。比如,学校图书馆对于学生的开放程度、学校实训室等实践场所对学生的开放程度,教学设备是否处于正常运行状态下,网络课程对于学生的可浏览程度,教材是否及时发放到学生手中,等等。

4. 学习服务交付的监测

ISO 29990 在其标准中,将过程监测与过程管理紧密结合,改变了一般管理体系先实施再评价的问题,变成在学习服务过程中进行监测,将学习过程监测到的问题反馈至各有关责任部门并及时改进和纠正。标准强调,学习服务提供者应确保学习服务的反馈是从学员处获得的,是学员根据学习服务协议(或人才培养方案、课程体系等),对学习方法、学习资源的使用,以及是否达成学习目标的意见,并结合所有顾客的反馈,尤其是用人单位的意见,并且保证这些意见能够得到及时的沟通和回复。

5. 管理的基本要求

ISO 29990 对教育服务提供者自身提出了基本管理的要求。一是学习服务提供者的最高领导者应证实本国际标准的承诺;二是学习服务提供者应建立文件化的管理体系,以利于体系的运行,保证体系能够被组织内的所有人员理解、执行和评审,使体系符合本国际标准的要求即 ISO 29990 以简练的语言定义了对 LSP 的最低要求,满足这些要求,就可以达到足够的质量水平。也就是说,只要教育服务提供者能够建立起 ISO 29990 的标准体系,它的学习服务质量就得到了基本保证。同时它也强调两点:一是过度规范反而会起到反作用,使组织僵化、烦琐而失去操作性;二是 ISO 29990 具有很大的机动性,可以根据 LSP 的具体要求,附加质量条款。

三、ISO 29990 国际质量管理标准全球应用现状

ISO 29990 的诞生，使得 WTO 教育服务贸易在职业教育界迎来了国际化发展的又一个桥梁，并在全球尤其在欧盟内得到快速应用和发展。到 2015 年，仅在德国，已有 512 所职业院校和培训机构通过了 ISO 29990 体系认证；在亚洲，日本最多，已有 37 所职业院校和培训机构①（如图 1 - 1 所示）。目前，国内引进 ISO 29990 建设的只有广东的中山火炬职业技术学院一所②。

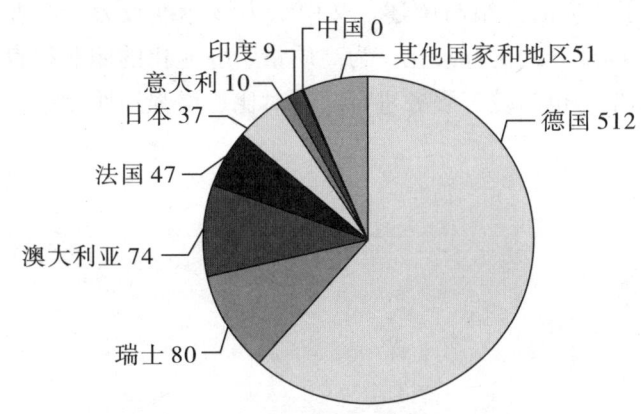

图 2 - 1　2015 年 ISO 29990 国家和地区应用比例分布图

ISO 29990 在国外职业院校的应用已有近 6 年时间。ISO 29990 的广泛推广，使得其提升职业院校和培训机构质量管理与国际化竞争力、对职业教育质量的基本保证和突出的标准化、职业教育质量的国际可比性方面显现出其引领性作用。德国专家 L. Jodkowski 认为：总的来说，在德国与国际组织机构的多年合作与努力下，新的 ISO 标准已经成功建立，此标准很好地满足了教育机构的需求，同时也提供了优质的教育服务；ISO 29990：2010 将以此作为基本的证书标准，实现其重要作用，即展示出学习服务提供者在国际市场质量中的能力。同时也将加强学习服务的透明性和确保学习服务在境外的可比性（JODKOWSKI L. *New ISO 29990：2010 as Value Added to Non-Formal Education Organizations in the Future*. 2014）。

---

①　信息来自德国 ISO 29990，DeuZert 认证公司。
②　信息来自百度搜索：http：//www.gx211.com/news/201541/n2191249336.html。

全球第一个引入 ISO 29990 的是德国柏林 Charite 医学院，随后陆续有 TAZ GmbH – 多特蒙德的技术培训中心、荷兰的希森美康学院（http：//www.sysmex.nl）等引入 ISO 29990 质量体系。截至 2015 年，国外已经有 800 多家教育和培训机构通过了 ISO 29990 的认证并取得了良好的效果，得到了社会和企业界的普遍好评。

目前，国内关于 ISO 29990 方面的研究著作还未见，研究论文也不多，可见的仅有贵州标准化院马静的《浅谈 ISO 29990——提供高品质的教育和培训服务的基础》，该文结合我国非学历教育服务机构遇到的普遍困难，对 ISO 29990 做了相应的介绍与阐述。文中认为该标准致力于职业再教育、企业内部培训、职业介绍的标准化，为高质量、专业化的职业教育和培训提供了一个通用模型，也为教育服务进行国际对比、增强透明度提供一个公平合理的平台。①

---

① 马静. 浅谈 ISO 29990：提供高品质的教育与培训服务的基础［J］. 中国科技博览，2013（36）.

第三章
ISO 29990 职业教育质量管理体系的理念与内涵

ISO 29990 质量管理体系产生于经济高度发达、职业教育体系发展较完善的德国等发达国家,并综合了 ISO 组织在全球范围内推广 ISO 族管理标准所积累的多年经验。ISO 29990 诞生后,率先在欧盟等国家范围内推广,因此,带有德国等职业教育发达国家的理念和文化痕迹。

第一节 源自德国职业教育管理的理念

德国的产品在国际上代表高品质和可靠性。"德国制造"代表了德国工作的价值和高品质的保证。但是,这并非偶然,也非光有理念和想法即可得来,它是建立在德国民族文化特质并基于一套完整的质量管理体系的基础上的。犹如 ISO 9000 之于德国企业和 ISO 29990 之于德国职业院校和培训机构一样。建立一个可靠的生产过程、教育过程是德国企业和教育院校所不断追求的品质理念。

一、德国文化中的严谨、计划、注重实干

德国文化注重实事求是,注重实际,不尚浮夸。对一座建筑、一件家具、一套设备似乎都从百年大计出发,讲究内在质量。德国的机械、化工、电器、光学,甚至厨房用具、体育用品都成为世界上质量过硬的产品。在一次记者招待会上,一位外国记者问彼得·冯·西门子:"为什么一个 8 000 万人口的德国,竟然会有 2 300 多个世界名牌呢?"这位西门子公司总裁是这样回答的:"这靠的是我们德国人的工作态度,是对每个生产技术细节的

重视,我们德国的企业员工承担着要生产一流产品的义务,要提供良好售后服务的义务。"当时那位记者反问他:"企业的最终目标不就是利润的最大化吗?"西门子总裁回答道:"不,那是英美的经济学,我们德国人有自己的经济学。我们德国人的经济学就追求两点:一是生产过程的和谐与安全,二是高科技产品的实用性。这才是企业生产的灵魂。"

在德国,没有哪家企业是一夜暴富迅速成为全球焦点的。他们往往是专注于某个领域、某项产品的"小公司""慢公司",但极少有"差公司",绝没有"假公司"。它们大多是拥有百年以上历史、高度注重产品质量和价值的世界著名公司,也被称为"隐形冠军"。从此也可以看出,德国文化注重过程的严谨、求实的作风、质量的可靠。这些无不影响着各行各业和人们的工作生活习惯。

在世界上,"德国制造"成为质量和信誉的代名词。秩序被德国人视为生命,德国人做事先制订计划,把一切安排得井井有条,而且时时、事事、处处也都按规定、照计划恪守秩序。据报道,中国兰州的黄河铁桥被称为"万里黄河第一桥"。这座桥是1907年4月—1909年8月由德国泰来商行承建的,由德国工程师担任现场总监。根据中德双方的合同,对材料运输、铁桥施工、质量保证、付款方式、验收程序都做了极为严格的规定。从桥梁完工之日算起,保固期为80年,其间如有损坏,由泰来商行负责赔修。自1989年以来,德方便开始关注这座桥的使用情况,并多次提出维修计划。2009年德方前来中国提出:"这座桥必须停止使用,因为根据德国的规定,任何桥梁的使用期不得超过100年。现在造桥技术先进,没有必要冒这个险。如果你们兰州人如此喜爱这座桥,那好办,那就由德方免费为你们维修一次,以后将它作为'桥梁博物馆'保留下来。"现在这座桥还在使用,但按照德国人的安全要求,已不能再通行机动车,而只能通过行人。由此可以看出,这种严谨的质量观念在德国已有非常悠久的历史和传统,德国社会文化中的严谨、恪守规则、计划性强等特点对职业教育的影响也是显而易见的。

二、德国职业教育质量管理的特点

1. 质量保障的组织形式

德国职业教育质量的控制有赖于强有力的质量保障制度。德国在政府组织下设立常设机构——教育质量考评委员会。由质量管理专门培训的教育专家、教育行政人员、企业人员组成。负责制定教育教学质量评价体系，并定期进行教育质量评估。一般每年各校要进行自评，每5年接受该组织的教育质量考核。教育质量考评委员会深入学校与企业，以合作的方式重点开展教育教学研究、学校质量体系建设的咨询与评估。

2. 行业协会的监督

在德国职业教育质量保障体系中，行业协会发挥了重要作用。行业协会是双元制职业教育运行机制中的关键环节，其主要任务是保持和维护工商界信誉。按照德国《职业教育法》规定，每个行业协会都有一个职业教育委员会。其职责包括：认定企业培训资格（包括企业必须具备一定规格的培训场所与设备、企业主需具备同培训班职业相关专业的文凭及职业教育与劳动学知识）、监督、咨询。协会通过培训顾问对培训人员与培训场所进行监督；对资格条件变化的企业采取相关处理；同时还接受企业和学徒就培训提出的咨询，并对职业教育教学中出现的问题及时向政府教育部门反映，等等。此外，行业协会还具有审查培训合同、组织技能考试等职责。

3. "宽进严出"的教学管理

德国职业院校入学资格相对宽松，但教学过程管理和监控相对很严格。《职业教育法》规定学生要顺利毕业，必须通过中间考试、毕业考试、师傅考试和进修考试，学生很少能按期毕业，淘汰率在30%左右，高等专科学校的正规学习时间是8个学期，但实际上很多学生需要10个学期甚至更长时间才能拿到毕业文凭。"宽进严出"有效地保证了德国职业教育的质量。

4. 有效的国家干预

为了保证职业教育的较高水平，德国联邦政府对职业教育的各个环节（包括职业学校、企业及学生各自的责任及他们之间的关系）都规定了明确和统一的标准。学生完成职业教育学习后，要接受全国统一的结业考试。一般来说，实践技能考试为14小时，专业知识考试5~6小时。国家《职业培训条例》规定了职业考试的最低标准，通过考试者由工商联合会统一发给合格证书。考试的组织实施由行业协会承担，保证了考试的客观性和严格性。

德国在发展职业教育过程中，始终坚持严格的高质量观，并贯彻到职业教育教学的每个环节。其先进的教育发展理念、科学的专业与课程结构、以实训为核心的"双元制"教育制度以及严格的师资要求、质量监控和学生入学资格等，体现出科学的职业教育质量观。德国职业教育的成功为世界各国提供了宝贵经验。

5. 迎接职业教育国际化发展的 ISO 29990

由于德国职业教育的国际影响力，德国职业教育吸引着越来越多来自世界各国的求学者学习德国职教经验，赴德国进行师资培训等，学习者逐年增多。尤其是 WTO 中服务贸易的发展，每年接纳各国职业教育学习者、考察者和师资培训的需求在不断上升，这种国际化发展的需要以及职业院校国际服务竞争的因素，催生了德国职业教育质量管理体系的发展。故德国的职业教育院校、机构加快了国际化和全球化进程，在德国对外经济增长中，教育和培训成为重要板块，各教育机构对外提供学习服务的机会增加。在德国职业教育走向国际化的过程中，许多德国职业院校通过 ISO 29990 质量管理体系认证，希望得到国际上更多的认可和发展机会。根据公认的标准，认证变得越来越重要，这也是作为职业教育全球领先者的德国能够较早、较快地推介 ISO 29990 的因素所在。到 2015 年，德国已有 500 多所职业院校和培训机构已建立起了自身的 ISO 29990 质量管理体系。

第二节　ISO 29990 职业教育质量管理标准的特点

一、ISO 29990 的特征和优势

1. 特征

ISO 29990：2010 是一套描述教育和培训的质量管理体系（QMS），主要注重学习过程及学习过程的改进。该国际标准面向教师、学习者和其他客户，以及其他对成功的学习相关的结果当事人。此标准规范具有以下重要特征：

（1）服务以及服务和管理标准的双重性，使面向学习服务的核心流程得以开发，学习服务供应商们（LSPs）以及他们的客户在使用相关流程时会了解到一个比一般体系更加有效的 QMS 的优势。

（2）该国际标准是一个按照 PDCA 循环（计划—执行—检查—行动）开发的流程型标准。

（3）应用针对 LSP 的发展和组织的所有领域，以科学的综合方法进行质量管理，这种系统型方法主要面向认识、了解、领导和改进过程，这些过程相互依存，帮助 LSP 达到目标。

（4）强调参与是一项基本的、综合的要素。它首先适用于员工，并确定同样适用于 LSP 的其他人员。参与者包括学习者和其他感兴趣团体，如企业等。

（5）通过内部审核进行质量监控。在扩展后，加上了对学习、学习服务和 LSP 的能力评估。在这个过程中，更加强调了质量保证和自我评估的内部机制的重要性。

（6）对员工、合伙人和其他 LSP 人员的能力传授、保持、发展和评估是核心要求。

（7）该 QMS 符合国际标准化组织对一般管理体系（A 型）的要求，并且达到了其最高水平。

（8）QMS 以简练的语言，定义了对 LSP 的最低要求。满足这些要求，就可以保证足够的质量水平，过度规范反而会起到反作用。

（9）该国际标准具有很大的机动性，可以根据 LSP 的具体要求，附加质量条件或对基准进行调整。

（10）在教育等方面的国际标准定义，如"课程"或"利益相关方"的定义，同时统一学习方法的一致性，以及学习服务提供者对过程的贡献。

2. ISO 29990 的优势

ISO 29990 的出现，使学习的最终质量和结果成为可控制、可评价的目标成为可能，其对于质量管理的标准化逐渐使优化学习过程和学习服务更加透明，更加容易选择成为可能，使从质量保证转变为系统质量发展的一种国际公认的质量管理标准。

ISO 29990 质量管理体系的重要性体现在：一方面是由于质量标准对于传播知识、技能和能力所带来的积极影响，另一方面是由于知识的处理越来越成为成功的商业管理的重要因素。终身学习和职业发展已经成为影响竞争力和未来准备的关键方面。而职业院校和培训机构则需要面对具有新知识传播形式的更短的创新周期和知识周期带来的挑战。

提供职业发展的目标在于提高个体或公司的竞争力，因此，职业教育和培训必须面向个体或公司需求。教育产品和教育服务的质量同样会决定教育供应商的产品是否会在市场上取得成功以及其成功的程度。

（1）对于服务提供者的优势。由于 ISO 29990 是基于教育服务提供者的服务透明、可控、可持续改进而开发的，因此，针对学习者和其利益相关方而言，服务提供者的教学过程是透明和可信的。体系的核心理念与体系采用了质量管理的过程最优化（PDCA），并且能够促进整个组织的持续发展进步，它对于教育服务提供者而言是改进自身管理水平和提高质量的最佳手段。在体系中针对教学过程的各个环节都有明确的定义并要求存档的过程，使其具有透明性，减少在员工和责任发生改变的情况下的学习服务提供的风险和不确定性。ISO 体系的细节管理能够减少过失数量，降低过失频率，从而使服务提供者内部质量保证能力的发展具备可证明性。

ISO 29990 的国际化被越来越多的国家所接受，从而可以证明教育服务提供者的教育产品的行为准则的责任和合同责任是可信可靠的，提升组织的竞争力；该标准也可以作为部门具体标准（语言）的基础。

（2）对学习者的优势。从学习者的角度，面对国际化和各种教育服务产品，其选择的依据过程将具有透明度和可比性。不仅国内透明可比，甚至与国外产品透明可比。通过 ISO 29990 的应用，使教育服务产品的可靠性以及对 LSP 的信任得到确认。通过 ISO 29990 认证的教育服务提供者，对学员学习产品评估证书上的信息将更有说服力。能够使学习者确认进入了一个经过优化过程的学习环境，并对改善的学习环境有不断的更新；学习资源的开放具有规定性，使教学教员的选聘具有竞争力。

（3）对社会用人单位或企业的优势。针对社会用人单位（公司等）而言，在选择新员工时，其受教育单位的管理与质量保证得到确认，新员工的职业能力和技能才有了基本的可靠保证；当需要进行员工培训时，提供培训课程的学习服务供应商的可比性提升。由于技术发展的快速化，在没有服务供应商参与的情况下，企业不能得到可持续性发展。由于教育将进一步被作为一项竞争服务，具备 ISO 29990 资质的教育服务提供者，其参与国际竞争的实力将显著提升，尤其是对于授予合同的组织优势（职业中介，国内和国际组织的拨款，公开招标和其他招标），实现了之间的可比性，并符合相关国际法规。

（4）对于国际合作的优势。对教育服务提供者而言，ISO 29990 的出现，为教育服务国际化提供了一个可参考的通用质量管理标准，从而为国际化提供了一个无扭曲的竞争环境。形成更加严格的国际教育合作的具体基础。

ISO 29990 的国际化竞争主要体现在：想要达到国际标准，必须证明具有最高的领导水平（标准分条款4.1 管理的基本要求），具有 ISO 29990 应用和符合的记录文件（标准分条款4.1 管理的基本要求），如果可以，LSP 必须采用一个向员工和合伙人通知并咨询可能会直接影响到他们问题的系统，LSP 必须促进双向沟通（标准分条款4.7 沟通管理内部/外部）。LSP 应该促进员工和合伙人之间的非正式沟通（标准分条款4.7 沟通管理内部/外部），LSP 必须将区域审核结果通知进行审核的区域的负责人员（标准分条款4.9 内部审核），必须从员工成员和合伙人获得他们的动机和工作满意度反馈（标准分条款4.6.2 学校服务提供者能力、绩效管理及专业发展的评估），LSP 规划怎样整合合伙人，共同开展工作，并存档［标准附录 A（资料性）经营计划的内容］。

ISO 29990 的引言宣称，该国际标准主要关注 LSP 的能力。条款4.6 "人力资源管理"详细地规定了能力要求。事实上，教员的能力作为评估教育服务供应商的一项指标已经开始在整个职业教育院校、机构及学习产品评估中起到作用，包括员工和合伙人之间的加入和合作，以及对他们能力的利用。

第三节　ISO 29990 职业教育质量管理标准的内涵

ISO 29990 国际职业教育质量管理标准，以科学的管理理论为基础，以国际标准化组织 ISO 几十年来推行质量管理标准的经验为借鉴，集合了多个国家教育、卫生等领域的专家，综合了多个国家职业教育管理标准和体系建设的经验，条款简明，内涵丰富，为世界上所应用的国家所认可。其质量标准所包含的理念与内涵体现了现代国际职业教育管理的先进性。

一、PDCA 的标准化过程

ISO 29990 质量标准是一个闭环的管理系统。它遵循了质量管理的一般和科学的方法，即 Plan（计划）、Do（执行）、Check（检查）和 Act（修正），简称 PDCA。PDCA 循环就是按照这样的顺序进行质量管理，并且循环不止地进行下去的科学程序。

（1）P（Plan）计划，包括方针和目标的确定，以及活动规划的制定。

（2）D（Do）执行，根据已知的信息，设计具体的方法、方案和计划布局；再根据设计和布局进行具体运作，实现计划中的内容。

（3）C（Check）检查，总结执行计划的结果，分清哪些对了，哪些错了，明确效果，找出问题。

（4）A（Act）修正，对检查的结果进行处理，对成功的经验加以肯定，并予以标准化；对失败的教训进行总结，引起重视。对于没有解决的问题，应提交到下一个 PDCA 循环中去解决。

以上四个过程不是运行一次就结束，而是周而复始地进行，一个循环完了，解决一些问题，未解决的问题进入下一个循环，这样阶梯式上升的。

PDCA 循环是全面质量管理所应遵循的科学程序。全面质量管理活动的全部过程，就是质量计划的制订和组织实施的过程，这个过程就是按照 PDCA 循环，不停顿地周而复始地运转。PDCA 循环不仅在质量管理体系中运用，也适用于一切循序渐进的管理工作，体现着科学认识论的一种具体管理手段和一套科学的工作程序。

首先，在计划阶段。要通过市场调查、用户访问等，摸清用户对质量（产品或服务）的要求，确定质量政策、质量目标和质量计划等。包括现状调查、分析，确定要因，制订计划；按照调查的情况进行设计、执行。实施上一阶段所规定的内容，根据质量标准进行教学设计、课程开发、教学计划制订及计划执行前的人员培训。检查阶段，主要是在计划执行过程之中或执行之后，检查执行情况，看是否符合计划的预期效果。处理阶段，主要是根据检查结果，采取相应的措施。巩固成绩，把成功的经验尽可能纳入标准，进行标准化，遗留问题则转入下一个 PDCA 循环解决，即巩固措施和下一步的打算。如图 2-1 所示为持续改进的质量管理。

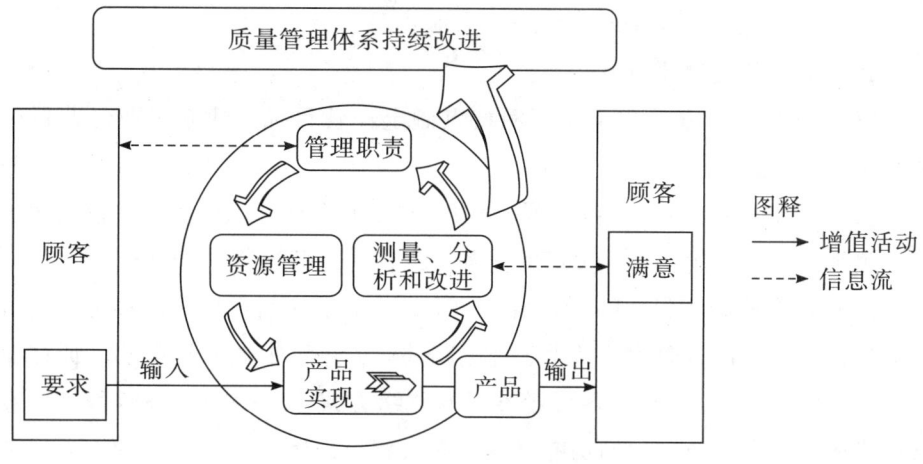

图 2-1 持续改进的质量管理

二、过程管理奠定质量基础

在知识经济当道的今日,利用计算机系统进行全面的管理提升,成为快速提升企业管理的一条捷径。在制造业,用友、金蝶等领导厂商便通过对流程管理的缜密分析,推出了适应中国企业国情的 ERP 系统,帮助各大企业实现了流程规范化和刚性管理,使企业执行能力提升。

然而,对于流程非规范化,或者尚未形成固定流程(如服务业)的机构来说,刚性管理的 ERP 便失去了其吸引力。这种状况引发了软件业由刚性的 ERP 向柔性的协同升级,而提升执行力的新系统方法也随之出现,便是"过程管理"。

1. 过程管理

过程管理方法具有与传统管理方法不同的哲理,其基本思想是:从"横向"视角把企业看作一个由产品研发、生产、销售、采购、计划管理、成本管理、客户管理和认识管理等业务过程按一定方式组成的过程网络系统。

根据企业经营目标,优化设计业务过程,确定业务过程之间的连接方式或组合方式;以业务过程为中心,制定资源配置方案和组织机构设计方案,制定解决企业信息流、物流、资金流和工作流管理问题的方案;综合应用信息技术、网络技术、计划与控制技术和智能技术等解决过程管理的问题。

2. 在企业应用过程管理方法的基本步骤

基本步骤可大致概括为：

（1）根据市场需求和企业资源特点制定经营目标，建立企业经营目标体系。

（2）识别企业各种具有特定业务功能的业务过程，识别业务过程之间的相互关系、相互作用，识别关键的业务过程，对业务过程进行分析。

（3）按企业经营目标体系，自上向下，先高层次后低层次的过程，进行业务过程优化设计，简化、调整、适当归并业务过程中的操作单元（或作业单元、工序、环节），确定各行业过程的联结方式；对每一业务过程进行定义和描述，确定业务过程的功能目标、投入和产出确定作为管理的重点的关键业务过程；在此基础上建立企业业务过程模型。

（4）以信息的观点把业务过程看作信息收集、传递和处理的过程，应用信息技术，按业务过程设计解决企业信息传输和处理问题的方案。

（5）基于业务过程网络系统进行组织结构设计和制度设计。

（6）按业务过程运行的需要合理配置资源。

（7）应用计划和控制计划，根据业务过程运行的需要制订经营计划与控制方案，对业务过程运行进行反馈控制和协调。

（8）以提高业务过程的绩效为主要目标，持续改进过程。

3. 过程管理的理论基础与特点

与传统管理方法不同，过程管理方法是以系统论、信息论和控制论为理论基础的，它具有以下几大特点。

（1）以系统理论为指导，从系统的观点出发，从横向视角把企业看作一个由产品研发、生产、销售、采购、质量管理等业务过程按一定方式组成的过程网络系统；把每一个业务过程都看成有特定功能和目标的、有输入和输出的过程子系统，企业系统由若干业务过程子系统按一定方式组合而成；应用系统方法解决企业业务过程信息流、物流和工作流管理问题；关注业务过程内部和业务过程之间的逻辑联系、相互作用，关注业务流程中操作单元的优化组合。

（2）应用信息论方法，将企业内部的各个过程视为一个信息收集、加工、储存、传输的过程，应用信息技术解决业务过程管理信息的传输和处理问题。

（3）应用控制论方法，将企业的业务过程视为可控过程，建立过程控制系统，运用反馈控制等控制方法解决企业业务过程系统的控制问题。

（4）注意管理的细化，即细化到每一个业务流程、每一个操作单元（或作业单元、工序）、每一项影响业务流程运行的输入因素。

（5）注重综合应用管理技术和信息技术等技术。过程管理正是"协同管理"的精华所在。正是由于过程管理实现了抓大放小似的管理，才使得协同管理能够适应各个机构灵活多变的需求。而界定"大"和"小"的工作，则通过"关键控制点"来完成。比如，在企业销售中，都要经过售前、售中、售后三大过程管理。在此中间，设立多个"关键控制点"，在售前阶段有制订计划、执行计划、发现商机；售中阶段有提案、报价；售后阶段有合同管理、信息分享。这样，既能保证系统可以灵活适应各单位需要，又不至于管理过于粗放，做到粗中有细。

4. 过程管理与职业院校的质量管理

"质量管理"这个较为广义的概念可以用来描述对于职业教育质量的判断、决策和行动的整个过程，它涵盖保证职业教育质量所涉及的一切内部和外部的结构和过程。质量管理是职业教育质量保障的重要组成部分，加强教育质量管理是职业教育发展的必然要求，也是学校生存与发展的必然要求。目前我国职业院校的质量管理体系大多由院校自己制定，各自为战，难以形成一个科学化的管理系统，结果导致不少管理条例、管理时效受限，有的甚至成为一纸空文。这种零散的管理模式由于没有管理制度的保障，使其在对教学质量保障的过程中缺乏合力，难以从根本上对教育质量进行有效的控制，对其过程缺乏管理。所有这些都对目前的职业院校质量管理工作提出了新的挑战，面对这些挑战，有学者借鉴企业的管理经验，提出将过程管理运用到学校的质量管理中。他们认为，一切有组织、有计划、有目的的活动都是通过具体过程的实施来实现所要达到的目标。要实现预期的目标就必须对具体过程进行有效的控制，实行过程管理就是行之有效的方法。

根据ISO的质量标准，所谓的过程管理方法就是"为使组织有效运行，必须识别和管理许多相互关联和相互作用的过程。通常一个过程的输出将直接成为下一个过程的输入，系统地识别和管理组织所应用的过程。特别是这些过程间的相互作用"。质量的产生、形成和实现，都是通过过程链来完成的。因此，过程的质量最终决定了企业产品和服务的质量。要控制质量，就一定要控制过程。过程管理覆盖组织的所有活动，涉及组织的所有部门，并聚集于关键/主要过程，它包括过程策划（计划）、过程实施、过程检测（检查）和过程改进（处置）。

强调过程管理的出发点是防患于未然。质量管理必须坚持质量的持续改进，强调过程控制和预防措施，而不是事后补救。

职业院校是一个教育服务组织。从质量管理看，职业教育的教育质量管理必须贯彻于人才培养的整体结构和整个过程，通过事先预防、过程控制，使教育教学活动的每一环节及其接口都处于受控状态。根据过程管理的步骤和方法，教育质量管理包括对教育质量的过程策划、过程实施、过程检测和过程改进。

三、质量管理的八项原则

ISO族管理核心的"质量管理原则"指出："为了成功地领导和运作一个组织，需要采用一种系统和透明的方式进行管理。针对所有相关方的需求，实施并保持持续改进其业绩的管理体系，可使组织获得成功。质量管理是组织各项管理的内容之一。八项质量管理原则已经成为改进组织业绩的框架，其目的在于帮助组织达到持续成功。"

质量管理原则八项是ISO族标准的理论基础和指导思想，是质量管理实践经验和方法理念的总结，是质量管理的最基本、最通用的一般性规律，适用于所有类型的产品和组织，成为质量管理的理论基础。质量管理原则八项是组织领导者有效实施质量管理工作必须遵循的准则。

1. 以顾客为关注焦点

组织依存于其顾客。因此，组织应理解顾客当前和未来的需求，满足顾客要求并争取超越顾客期望。任何组织均提供产品满足顾客的需求，顾客是每个组织存在的基础，如果没有顾客，组织将无法生存。现代市场经济的一个重要特征就是绝大多数组织所面对的不是卖方市场，而是买方市场，顾客针对自身要求做出购买决策时，对组织的存在发展就有了决定性的意义。顾客之所以购买某种产品或服务，是基于自身的需要，组织要理解这种需要和期望，并针对这种理解和需要来开发、设计、提供产品和服务。因此，任何一个组织均应始终关注顾客，把顾客的要求放在第一位，将理解和满足顾客的要求作为首要的工作考虑来安排所有的活动。还要认识到市场是变化的，顾客是动态的，顾客的需求和期望也是不断发展的。因此，组织要及时调整自己的经营策略，采取必要的措施以适应市场的变化，持续地满足顾客不断发展的需求和期望，还应超越顾客的需求和期望，使自己的产品或服务处于领先的地位。

2. 领导作用

领导者确立组织统一的宗旨及方向。他们应当创造并保持使员工能充分参与实现组织目标的内部环境。一个组织的领导者，即最高管理者，是"在最高层指挥和控制组织的一个人或一组人"，具有决策和领导一个组织的关键性作用。最高管理者的领导作用、承诺和积极参与，对建立并保持一个有效和高效的质量管理体系并使所有相关方获益是必不可少的。领导作用的重要方面，即在于为组织发展确立方向、宗旨和战略规划，并对此在组织内进行统筹管理和协调，创造一个全体员工都能充分参与实现组织目标的内部氛围和环境。领导者应以既定目标为中心，将员工组织团结在一起，鼓舞和推动员工向既定目标努力前进。为此，领导者应赋予员工职责内的自主权，为其工作提供合适的资源，充分调动员工的积极性，发挥员工的主观能动性，鼓舞、激励员工的士气，增强员工的集体意识，提高员工的工作能力，使员工产生成就感和满足感。

3. 全员参与

各级人员都是组织之本，只有他们的充分参与，才能使他们的才干为组织带来收益。全体员工是每个组织的基础。组织的质量管理是通过组织内各职能各层次人员参与实施的，不仅需要最高管理者的正确领导，还有赖于组织的全员参与，过程的有效性直接取决于各级人员的意识、能力和主动精神。为提高质量管理活动的有效性，确保产品质量能满足并超越顾客的需求和期望，就要重视对员工进行质量意识、职业道德、以顾客为关注焦点的意识和敬业精神的教育，激发员工的积极性和责任感。当每个人的积极性、主观能动性、创造性等都能得到充分发挥并能实现创新和持续改进时，组织将会获得最大的收益。以人为本是全员参与的基础和保证。

4. 过程方法

将相关的资源和活动作为过程进行管理，可以更高效地得到期望的结果。任何利用资源并通过管理将输入转化为输出的活动，均可视为过程。一个过程的输出可直接形成下一个或几个过程的输入。为使组织有效地运行，必须识别和管理众多相互关联的过程。系统地识别和管理组织所应用的过程，特别是这些过程之间的相互作用，就是"过程方法"。过程方法的目的是获得持续改进的动态循环，并使组织的总体业绩得到显著提高。组织采用过程方法，是对每个过程考虑其具体的要求，使管理职责、资源管理、产品实现、测量分析的方式和改进活动（质量管理的全部内容）都能相互有机地结合并做出恰当的考虑与安排，从而有效地使用资源、降低成本、缩短周期。在应用过程方法时，必须对每个过程特别是关键过程的要素进行识别和管理。

5. 管理的系统方法

将相互关联的过程作为系统加以识别、理解和管理，有助于组织提高实现目标的有效性和效率。"系统"指相互关联或相互作用的一组要素，质量管理体系的构成要素是过程。过程是相互关联和相互作用的，每个过程的结果都在不同程度上影响着最终产品的质量。要想对过程系统地实施控制，确保组织预定目标的实现，就需要建立质量管理体系，运用系统管理方法对各个过程实施控制。系统方法，即以系统分析有关数据、资料或客观事实开始，确定要达到的优化目标。然后通过系统工程，设计或策划为达到目标而应采取的各项措施和步骤，以及应配置的资源，形成一个完整的方案。最后在实施中通过系统管理而取得高效性和高效率。在质量管理中采用系统方法，就是要把质量管理体系作为一个大系统，对组织质量管理体系的各个过程加以识别、理解和管理，以达到实现质量方针和质量目标。

6. 持续改进

持续改进整体业绩应当是组织的一个永恒目标。持续改进是"增强满足要求的能力的循环活动"。事物是在不断发展变化的，都会经历一个从不完善到完善甚至更新改进的过程，人们对过程的结果要求也在不断地提高，这就要求组织应适应外界环境的这种变化要求，不断改进其产品质量，提高质量管理体系及过程的有效性和效率，以满足顾客和其他相关方日益增长和不断变化的需求与期望，提高组织的整体业绩。只有坚持持续改进，组织才能不断进步，才能不断提高产品质量，保持较高的、稳定的质量水平，在市场竞争中立于不败之地。最高管理者要对持续改进做出承诺，积极推动；全体员工也要积极参与持续改进的活动。持续改进是永无止境的，因此，持续改进应成为每一个组织永恒的追求、永恒的目标、永恒的活动。

7. 基于事实的决策方法

有效决策建立在数据和信息分析基础上。决策就是针对预定目标，在一定的约束条件下，从各个方案中选出最佳的一个付诸实施。成功的结果取决于活动实施之前的精心策划并做出正确的决策，决策是组织中各级领导的职责之一，在一定程度上可以认为是管理活动的核心，具有极为重要的地位和作用。有效的决策需要领导者用科学的态度，以充分占有和分析有关信息为基础，做出正确的决断。应充分重视统计分析技术在决策和质量管理中的作用，当输入的信息和数据足够且能准确地反映事物的真实性时，依照这一方法形成的决策方案应是可行或最佳的，是基于事实的有效决策。

8. 与供方互利的关系

组织与供方是相互依存的，互利的关系可增强双方创造价值的能力。随着生产社会化的不断发展，社会分工越来越细，专业化程度越来越高，一个产品往往是多个组织分工协作的结果，任何一个组织都有供方或合作伙伴。供方向组织提供的产品对组织向顾客提供的产品产生着重要的影响，其高质量的产品为组织给顾客提供高质量的最终产品提供保证，因此处理好与供方的关系，影响到组织能否持续稳定地提供顾客满意的产品，还影响到组织对市场的快速反应能力。而组织市场的扩大，则为供方提供更多产品的机会，所以双方是相互依存的。良好的合作交流将使双方均增强创造价值的能力，优化成本和资源，对市场或顾客的要求做出快速的反应，从而使双方受益。

四、教学服务设计是 ISO 29990 质量标准的核心关注点

ISO 29990 融合了过程管理、PDCA 的闭合管理、教育管理的特性等，其核心关注点是教学服务的设计与持续改进，核心要素可从以下几个方面体现。

1. 运用 ISO 族的管理方略

如果将 ISO 29990 用 PDCA 表示，那么，其核心理念与关注点如图 3-2 所示。

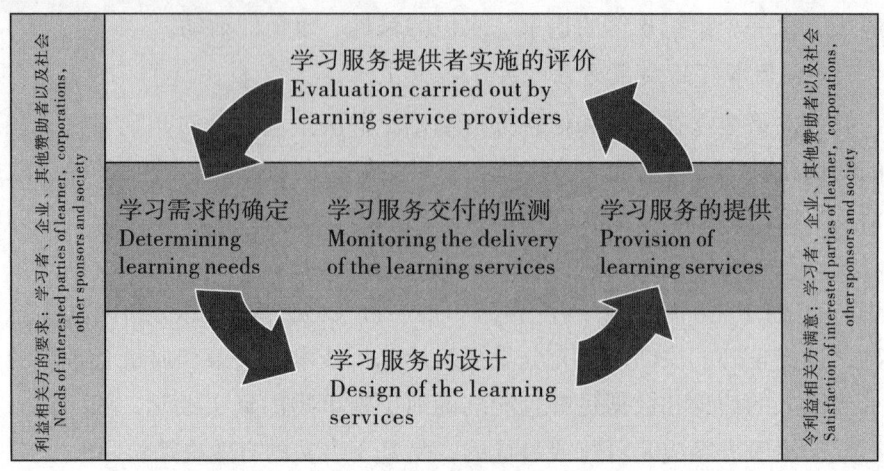

图 3-2　学习服务管理的流程

将这个理念与实际教学过程相结合，按照 ISO 29990 的标准条款，其教学服务的设计可用图 3-3 表示——教学过程设计。

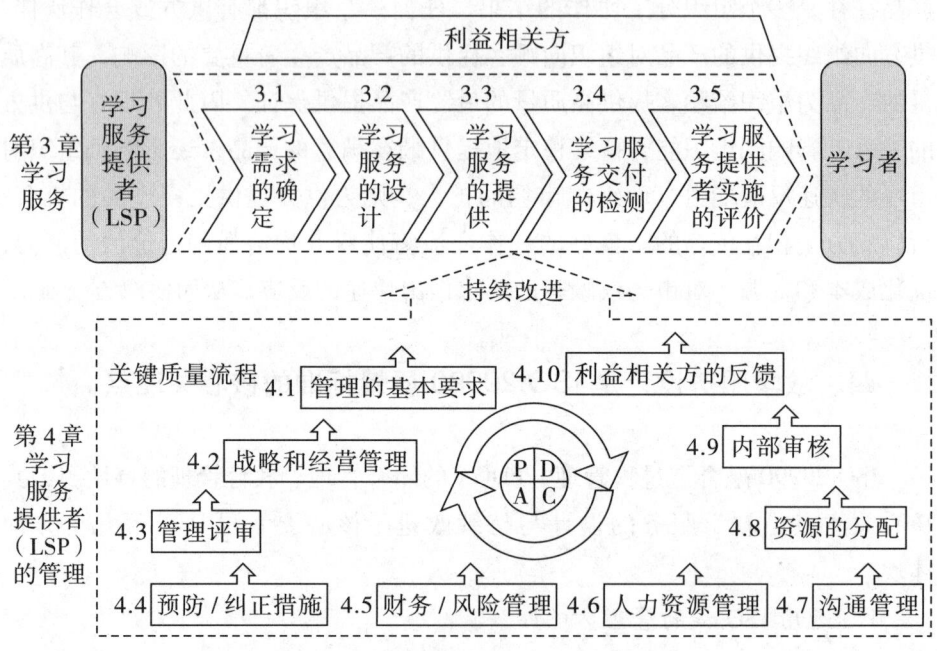

图 3-3　ISO 29990 关键流程——教学过程设计

从图 3-3 可以看出，教学服务的提供者在设计过程中需要关注所有利益相关方的要求。标准的两个主要部分分别明确了具体的控制机制和评估。

然而，通常情况下，教学或学习过程的结果只能由客户对结果在实践应用过程中确定。对结果的综合评估会提供三个主要领域的全部必要评估和管理信息，这三个主要领域被要求满足终身学习的新挑战，因为这一挑战越来越成为日常商业生活中的因素。该评估是 LSP 的管理，教员以及学习服务本身持续质量改进的前提，这是教育领域 QMS 的重要条件。

LSP 的责任不是即时的，不在于学习结果（输出）上，而在于学习过程（结果）的实践和相关的应用。因此，该国际标准考虑到了转换的过程（标准分条款 3.2.2）以及结果质量（3.2.3、3.2.1、3.3.3、3.4、3.5.3 和 4.10）。这一点尤其适用于可以承担精确的需求确定和与合同方的目标协议等情况，例如针对企业、公司的培训。

职业教育的结果及其带来的效益基于三个问题：教学与培训是怎样建立在人员的现有知识基础上开展或培训是怎样致力于他们的行动的？教师或培训师怎样针对社会、企业、公司需求定制并与实践结合的？学习到的内容是怎样成功地转换到工作场所的？因此，质量保证意味着教育服务提供者和公司或学习者之间的最紧密的合作，标准就是用来保证这一点的。

2. 过程管理的四个环节

（1）过程策划。过程策划是过程管理的计划环节。所谓计划，就是对未来应采取的行动所做的规划和安排，它是进行管理的重要依据。

这一阶段职业院校要及时了解国家人力资源开发计划和市场的需求信息及其未来发展的动向，了解学生和家长的需求和期望，选定目标市场，以学生的发展为目标确定质量管理的计划和要求。这些计划的内容应涵盖教学质量管理的全过程和参与教学各个方面，从而使得教育过程的每一个行为都有章可循。这些计划的内容包括教学计划、教学大纲、课程开发和建设、师资、课堂教学、教案、课外辅导及作业、听课、实践教学、教学检查、考试、教学评价等内容。在制订这些计划时还要充分考虑学生及本校自身的条件，包括师资力量、学校规模、专业结构、教学设备、服务设施等，同时还要注意系统阐述其必要性以获得预期的结果。

（2）过程实施。过程实施是过程管理的实施环节。计划的实现必须依赖于执行，只有付诸执行，才能将目标与计划变为现实。在这个阶段中，职业院校根据上一策划阶段制定出的办学宗旨、教育计划和质量目标的要求，明确各部门职责、权限以及相互之间的关系，并为实现这些过程配置必需的人财物资源，确定采取哪些控制质量的措施和方法，提供教育教学服务。这个过程是职业教育质量管理的核心过程，是关系到质量控制成败的关键过程。学校要按照过程的设计运行，达到过程的要求。在这一过程中首先要充分发挥学生的主体作用和教师的主导作用，建立明确的职责职权。其次要关注教育资源和教育方法，使过程得到改进。

（3）过程检测。过程检测是过程管理的检查环节，也是检测过程质量的最后环节。在执行计划的过程中，必须加强过程监控，适时进行检查，将实际的结果与计划中的标准进行比较，对于不符合计划标准的，必须进行改进。

在这个阶段中首先要求建立有效的监控体系，对教育教学服务结果进行评估。其次，建立和完善教育信息反馈系统也尤为重要，它是实现和发挥教学质量监控体系功能的重要手段。建立一个立体式的、全方位的教学信息反馈系统是教学质量监控的基础。该系统应包括健全的学生信息反馈制度、健全的教学管理方面的信息反馈制度和健全的用人单位信息反馈制度。

（4）过程改进。过程改进是过程的处置阶段，其目的是使过程与学校发展方向和战略规划相一致，使其具有更好的稳定性和过程能力。在这一过程中，它包括评价、改进和创新。过程方法来自实践又能有效地指导实践，可引起关注并优先考虑改进机会。

实施过程管理的这四个环节彼此紧密联系又相互作用，不可分割，是一个完整的有机整体。只有每个环节最优，才可能使整体最优，任何一个环节的薄弱与疏漏，都可能降低系统本身的功效，导致整体小于部分之和。

第四章
ISO 29990 职业教育质量管理标准的条款与解读

　　ISO 29990 国际职业教育质量管理体系条款共分 4 章，按其原文序号分为：①范围（Scope），②术语及定义（Terms and definitions），③学习服务（Learning services），④学习服务提供者的管理（Management of the learning service provider），附录 A、B、C、D、E 等。为方便读者了解对照原标准条款，本书按其原有标号介绍如下。

1. 前言 Foreword

　　ISO 29990：2010（Learning services for non-formal education and training—Basic requirements for service providers）is equivalent to standard GB/T 26996：2011 in China.

　　ISO 29990：2010《职业教育与培训的学习服务——学习服务提供者基本要求》在中国有等同的标准 GB/T 26996：2011。

　　The translation of this International Standard is based on ISO 29990：2010，and linked with the Big Chinese Culture and Experience in implementation of management system standards，the training material of the International Standard was issued by Hong Kong BIG/QualiTech，copyright belongs to Hong Kong BIG/QualiTech，all rights reserved.

　　本国际标准的翻译是基于 ISO 29990：2010 原文，结合中国国内用语习惯、以前推进其他体系标准的经验，本标准由作者参照原文翻译，版权属于作者，翻版必究。

　　In this Technical Specification, the word "shall" indicates a requirement. The word "should" indicates a recommendation. Paragraphs marked "NOTE" are for guidance in understanding or clarifying the associated requirement. "Example" is for understanding of the situation.

本技术规范中,"应"(shall)表示要求。"应该"(should)表示建议。标有"注"(NOTE)的段落是理解或澄清相关要求的指导性解释。"示例"(Example)表示领悟情况。

2. 引言 Introduction

The objective of this International Standard is to provide a generic model for quality professional practice and performance, and a common reference for learning service providers (LSPs) and their clients in the design, development and delivery of non-formal education, training and development.

本国际标准旨在为实施和评价有质量的学习服务提供一个公共标准,为教育服务提供者及其客户提供关于职业教育、培训和发展的设计、开发和交付的一个通用模式。

This International Standard uses the term "learning services" rather than "training" in order to encourage a focus on the learner and the process, and to emphasize the full range of options available for delivering learning services.

本国际标准使用术语"学习服务"而非术语"培训",意在鼓励以学员和学习过程的结果为中心,并加强对交付学习服务有效性的全方位评价观念。

This International Standard focus on the competency of LSPs. It is intended to assist organizations and individuals to select an LSP who will meet the organization's needs and expectations for competency and capability development and can be used to certify LSPs.

本国际标准重点对 LSP 的能力做了规定。其意在帮助组织和个人能够选择满足自身需要和期望的 LSP,也可用来作为认证 LSP 能力的依据。

This International Standard shares some similarities with many of the management system standards published by ISO, particularly ISO 9001. As an example, a comparison of the content of this International Standard with of ISO 9001:2008 is given in Annex E.

本国际标准有些规定与 ISO 出版的许多其他管理体系,特别是与 ISO 9001 类似。作为案例,本国际标准与 ISO 9001:2008 目录之间的对照见附录 E。

3. 职业教育与培训的学习服务 Learning services for non-formal education and training)

4. 学习服务提供者基本要求 Basic requirement for service providers

第一节　范　围

1. 范围 Scope

This International Standard specifies basic requirements for providers of learning services in non-formal education and training.

本国际标准给出了职业教育与培训的学习服务提供者基本要求。

NOTE 1　In cases where the learning service provider is part of an organization that delivers products（goods and services）in addition to learning services, this International Standard only applies to the unit providing the learning services.

注1：如果学习服务提供者隶属于组织的一部分，提交者的产品（财产和服务）是学习服务的一部分，本国际标准仅适用于提供学习服务的单位。

第二节　术语及定义

2. 术语和定义 Terms and definitions

For the purposes of this document the following and definitions apply.

下列术语和定义仅适用于本文件。

2.1 合作者 Associate

＜Learning services＞entity or person not employed by the learning service provider, but working under its auspices to provide learning services.

（学习服务）不是学习服务提供者雇佣的，而是在其支持下提供学习服务的实体或个人。

NOTE　Associate is not a staff member of the learning service provider.

注：合作者不是学习服务提供者的全职成员。

EXAMPLE　Organizations or independent contractors, such as instructors instructional designers, evaluators, project managers, or career counselors.

示例：组织或独立承包商，如教练、教学设计者、评估员、项目经理或职业辅导员。

2.2 证书授予 Award

<Learning services> designation given by a learning service provider to a learner, in order to indicate a level of performance or attainment, or the completion of a learning programme.

（学习服务）为了表达学员的学习项目表现或素养水平，或完成了学习规定的课程而由学习服务提供者颁发给学员的证明性文件。

2.3 经营计划 Business plan

Plan of action designed to achieve business goals.

设计实现经营目标的行动计划。

2.4 能力 Competency

<Learning services> knowledge, understanding, skill or attitude that is observable, or both observable and measurable, which is applied and mastered in a given work situation and in professional development or in personal development, or in both professional and personal development.

（学习服务）给定的工作条件下应用和掌握专业发展或个人发展，或兼有专业和个人发展的知识、领悟力、技能或态度的可观察性或可测量性，或兼有可观察性和可测量性。

2.5 持续专业发展 Continuous professional development（CPD）

Intentional enhancement of professional knowledge or of professional competency.

指有意加强专业知识或专业能力。

2.6 课程 Curriculum

<Learning service> plan of study prepared by the learning service provider which describes the aims, content, learning outcomes, teaching and learning methods, assessment processes, etc., relating to a learning service.

（学习服务）由 LSP 准备的，描述学习服务相关的目的、内容、学习结果、教和学的方法，以及评价过程等。

2.7 学习评价 Evaluation of learning

Normative approach to analyzing the learning process, or learning outcomes measured against the learning goals.

用于分析学习过程或按学习目标测量学习结果的规范性方法。

2.8 辅导员 Facilitator

＜Learning services＞ person who works with learners to assist them with learning.

（学习服务）与学员一起合作并协助其学习的人。

NOTE A facilitator is also often referred to as a teacher, a trainer, a coach, a tutor or a mentor.

注：辅导员是经常使用的称呼，还包括老师、培训师、家庭教师、导师或指导者。

2.9 利益相关方 Interested party

＜Learning services＞ Individual, group or organization with a direct or indirect in the learning service, including its management and outcomes, or the processes involved, or both.

（学习服务）与学习服务，包括其管理和结果，或过程介入，或两者兼有的，有直接或间接的利益关系的个人、团体或组织。

2.10 关键过程 Key process

＜Learning services＞ process essential to the learning service and the management of it.

（学习服务）与学习服务及其管理的必备程序。

2.11 学员 Learner

Person engaged in learning.

参加学习的人员。

2.12 学习 Learning

Acquiring knowledge, behavior, skills, preferences or understanding.

获取知识、行为、技能、价值观、喜好或领悟力。

2.13 学习服务 Learning service

Processes or sequence of activities designed to enable learning.

使能够学习而设计好的活动过程或程序。

2.14 学习服务提供者 Learning service provider（LSP）

Organization of any size or an individual providing learning services in the field of non-formal education and training, including all associates involved in the provision of the learning service.

在职业教育与培训领域内提供服务的任何规模的组织或个人，包括所有与提供学习服务相关的合作者。

2.15 职业教育 Non-formal education

< Learning services > organized educational activity outside established recognized formal system of elementary, secondary or higher education.

（学习服务）认可正规系统以外有组织的教育活动（包括初等、中等或高等教育）。

2.16 质量方针 Quality policy

Overall intentions and direction of an organization related to quality as formally expressed by top management.

由组织最高管理者正式颁布的组织关于质量方面的全部意图与方向。

NOTE 1 Generally the quality policy is consistent with the overall policy of the organization and provides a framework for the setting of quality objective.

注1：通常质量方针与组织的总方针相一致并为制定质量目标提供框架。

NOTE 2 Quality management principles presented in ISO 9000：2005 can form a basis for the establishment of a quality policy.

注2：ISO 9000：2005 中提出的质量管理原则可以作为形成质量方针的基础。

2.17 赞助者 Sponsor

< Learning services > Organization or individual that provides financial or other support for the learner or that has a vested interest in the outcome of the learning.

（学习服务）向学员提供经济或其他支持，或与学习结果有利益关系的组织或个人。

NOTE This includes corporations, government agencies, relatives, etc.

注：赞助者包括企业、政府部门及相关者等。

2.18 学习应用 Transfer of learning

Application of what has been learning service to other situations.

将学习服务中学到的运用到其他场合。

第三节 学习服务

3 学习服务 Learning services

3.1 学习需求的确定 Determining learning needs

3.1.1 概述 General

条款原文及译文

Prior to offering learning services, and in order to orientate these effectively, the learning service provider (LSP) shall ensure that a learning needs analysis is conducted.

在提供学习服务之前，为有效定位，学习服务提供者应确保进行了学习需求的分析。

NOTE Where relevant, the LSP will need to take account of national frameworks for qualification standards or progression within the area or sector.

注：如若相关，LSP 应该考虑行业资格认可标准或区域内的国家资格框架。

条款内涵及评价项目

（1）开展学习服务的证据，开展一个学习服务之前所需要的教学或培训需求分析。教学服务提供者应在教学或培训开始前做好需求分析，并提出应有的结论。

（2）在需求分析的基础上，教学或培训模式、形式及教学培训方法的选择是确保服务提供效果的必要保证。

（3）在制订教学或培训方案时，要考虑并融入现有的相关职业或行业资格标准、证书或有利于学员晋升培训的相关资格证书。

应制定的文件、表单

学习服务需求分析报告、相关国家行业或地方行业发展规划、所依据的职业资格证书等。

3.1.2 利益相关方的需求 Needs of interested parties

条款原文及译文

Before providing the learning service, the LSP shall ensure that:

在提供学习服务之前,学习服务提供者应确保:

a) In terms of a qualification analysis, information is obtained about learners' relevant education and training history and prior learning, including qualification and credentials awarded to them, and that this information is obtained and used with legitimate consent.

资质分析,基于获取的学员相关的教育、培训历史和预先学习情况,包括其已获得的资质和证书,这些信息的获得和使用必须是合法的。

条款内涵及评价项目

对学员基础的分析,对于学员现有的学历、证书等做出分析,考虑到数据保护的要求(如适用,以清单为基础)。可采用测试、面试、实操、问卷等形式进行。

应制定的文件、表单

学员资质清单、面试指南、问卷调查的数据库(目标群体和特定内容)等。

b) Specific aims wishes, goals and requirements of interested parties in undertaking or commissioning the learning service are determined.

对由相关方承担或委托的学习服务,决定明确的目标、期望、指标和需求。

条款内涵及评价项目

对于委托教学培训项目,确定"利益相关方"的要求,将其具体的目标、需求形成目标明确的文件,便于证明其有效和可操作、可考核,并保全证据的收集。

应制定的文件、表单

利益相关方名单、根据利益相关方要求、培训条款的要求概述。

c) Where relevant and feasible, learners are provided with the support they need in assessing their own learning needs and goals.

在有关和可行时,应向学员提供支持,以使其进行需要的自主学习需求和目标评价。

条款内涵及评价项目

应提供可供学员自主学习的有关信息渠道、资料的支持，并保证支持学习需要的有关证据，以利于学员确定学习目标（如提供咨询、评估等）。

应制定的文件、表单

自主学习平台清单，可提供支持的说明；学习者相对于学习和教育经验的评价、结构化的期望调查、系统化的教育辅导。

d) Any needs relating to language, culture, literacy, or other special needs relating to disability are identified [e.g. see web content accessibility guidelines (WCAG)].

识别学员对于语言、文化、生活，以及残障人士的特殊需求（见WCAG）。

条款内涵及评价项目

当学员来自不同民族、地区，文化背景有所不同时，将是服务提供者要考虑的重要内容，并在教学设计时予以考虑，同时提供特殊需要的学习帮助。

应制定的文件、表单

提供残疾人士学习过程的具体指引，相关的生产商和特定的软件、硬件提供商应提供解决方案或建议来支持残疾人和弱势群体学习，确保网页内容可访问，并提供指南（WCAG）以及相关专业协会和组织的建议，等等。

e) Relevant interested parties are consulted to determine how they expect the skills, competencies and awareness developed as a result of the learning service to transfer to the learners' work-related tasks and responsibilities, and about what that sponsor will consider to be indicators of success.

咨询相关方，确定他们所期望学员从学习服务中学到的技巧、能力及意识，如何应用于与学员任务、职责相关的工作，以及确定赞助者认定的学习服务成功指标。

条款内涵及评价项目

在进行教学设计时，应首先对利益相关方（如学生本人、家长、社会用人单位等）进行调查，得到各方所希望在教学与培训中可获得的能力或技能，并提供从利益相关方的角度来调查学员能力的证明。

应制定的文件、表单

制定学员学习能力、竞争力框架、学习目标的描述，并以表格的形式呈现对学习成功、水平的预想目标。

f) An agreement is reached and recorded with the sponsor on the learning service to be provided.

与赞助者就学习服务的提供达成协议并记录。

条款内涵及评价项目

学习服务赞助者所签署的协议上的学习服务有关内容。

应制定的文件、表单

协议样本。

3.1.3 学习内容和过程 Learning content and process

The LSP shall ensure that：

学习服务提供者应确保：

a) The learning content and the learning process take into account the needs of any interested party；

学习内容和学习过程应考虑利益相关方的需求；

条款内涵及评价项目

考虑有关各方的需求的证明（例如课程）。

应制定的文件、表单

课程设置有适当的重点。

b) Available means and information are used to effectively analyze issues arising from the specific learning content and process（e.g. prerequisite skills, specific requirement for the learner）.

可用的方式和信息能够有效地分析在特定的学习内容和过程中产生的问题（如：学员必备的技能、特定的要求）。

条款内涵及评价项目

学习服务的分析，包括准入学要求。需要资料来检查与证明学员是否满足这些要求，如技能所需的先决条件。

应制定的文件、表单

在课程和学习计划上订立必需的范畴，以保证学习和能力达到目标，以及学习和教学方法的具体特点。

c) The learning methods and material to be used are appropriate, accurate in terms of their content, and sufficient to meet the stated goals.

使用恰当的学习方法和学习材料，内容要准确并充分满足所描述的学习目标。

条款内涵及评价项目

不同的教学内容应采用不同的教学方法，并确保这些方法的选择经过了慎重的筛选和优选；选择的教学资料应在不增加学员负担的前提下是最优的。

应制定的文件、表单

明确表明课程与学习的方法和材料，如果有必要，列明学习过程中的目标，以方便在过程中的各个阶段进行评估。

d) The learning content and process take into account learning outcomes.

学习内容和过程应兼顾学习成果。

条款解读及评价项目

学习成果（知识和技能）所需的学习内容和学习过程，具体名称的证明。

应制定的文件、表单

每个单独部分或模块都需要课程与预期学习成果的具体说明（应对未来的技术和关键能力）。

3.2 学习服务的规划 Design of the learning services

3.2.1 规范学习服务的目的和范围 Specification of the aims and scope of the learning services

The LSP shall ensure that the scope, specific aims and planned outcomes of learning service that is selected to meet the needs of interested parties, as well as the learning methods to be used, are clearly specified and communicated to relevant interested parties.

学习服务提供者应确保学习服务的范围、特定目的和计划的成果，能够满足利益相关方的需求，同时，将准备使用的学习方法、规定与任何利益相关方沟通。

条款内涵及评价项目

学习服务的范围、特定目的、计划的成果以及学习方法沟通的证明。

应制定的文件、表单

课程，有顺序的教学和学习，包括学习目标和法规；符合教育产品要求与发展的过程描述，与利益相关方进行沟通的渠道及反馈证明；在开发教育产品的目标之际，得到利益相关方的确认或通知备忘录。

3.2.2 规范学习应用的支持和监测的方法 Specification of means of supporting and monitoring the transfer of learning

The LSP shall consider relevant interested parties when determining and planning the ways in which learning will be facilitated and supported, so as to ensure the transfer of learning is assessed, monitored, evaluated and documented appropriately.

学习服务提供者在确定和策划学习方法的促进和支持时，应考虑利益相关方，以便确保对学习应用做出合适的评估、监测、评价并适当地文件化。

条款内涵及评价项目

定义学习应用的支持和监测方法的证据，考虑相关方做出适当的评估、监测、评价的文件证据（思考、练习、测验、案例研究、实习等）。

应制定的文件、表单

课程，学习形式的考虑包括教学材料的交流、理解的加深、材料的审查等等。个别课程或章节的主题之间信息的连接与互动——被采纳的学习形式上的宣传和支持。

3.2.3 课程规划 Curriculum planning

The LSP shall 学习服务提供者应

a) Develop and document a curriculum and means of evaluation that reflect and are appropriate to the aims and learning outcomes specified.

开发并文件化教学方案和评价方法，应能够反映并适用于确定的学习目标和学习成果。

条款内涵及评价项目

相关课程的教学标准（或大纲），考核的目标与方法，相应的课程（模型）记录，包括学习服务评估方法。

应制定的文件、表单

教学计划的设计规格包括评估手段和内容的描述、包含教学方案及课程有关的评价标准。

b) Select methods of learning, including autonomous learning;

选择学习方法，包括自学；

1) respond to the aims and requirement of the curriculum;

响应课程的目标和要求；

2) Are appropriate for the learners;

对学员适用；

3) Take into account the various needs of individual learners;

考虑学员个人的各种需求；

4) Take advantage, as appropriate, of the group's potential to provide resources and support for individual and collective learning.

适当开发小组潜能，对学员的个人和集体学习提供资源和支持。

条款内涵及评价项目

针对不同的教学内容应选择不同的学习方法，如理论、实践、讨论等。

应制定的文件、表单

合适的学习方法的证据（见课程）。

c) Clearly specify the role and responsibilities of the interested parties, including the LSP itself, when delivering the learning services, and when monitoring and evaluating transfer of learning.

在交付学习服务、监测和评价学习应用时，明确规定包括学习服务提供者在内的利益相关方的角色和责任。

条款内涵及评价项目

明确定义相关方的角色和责任、企业期望、岗位技能，增加学生期望的证据。

应制定的文件、表单

课程中列明利益伙伴的参与细节、自我评估可透过学习成功测试（包括其评价结果），个人或团队的口头/书面反馈，甚至通过谈话方式来进行，用特定形式对合作伙伴进行内部审核。

3.3 学习服务的提供 Provision of learning services

3.3.1 信息和引导 Information and orientation

Commencing with, or prior to, delivery of the learning service, the LSP shall notify the learners and the sponsors and, when appropriate, check their understanding of.

在交付学习服务时或之前，学习服务提供者应告知学员和赞助者下列信息，适当时，检查他们对这些信息的理解程度。

a) The purpose(s), format and content of the learning services being provided, including the instruments and criteria to be used for evaluation, and the nature of the aware or report to be issued upon completion.

所提供的学习服务的目的、形式和内容，包括指引和用于评价的标准，以及基于学习完成情况的证书或报告。

条款内涵及评价项目

学习服务提供者应提供明确的学习服务的目的、采取何种教学方式以及详细的教学内容。包括一些必要的说明，以及各类教学内容的考核方式、标准等。并公布完成学习任务后取得何种证书等。

应制定的文件、表单

提供学习服务的过程描述、教学方式方法、教学内容的说明、教学及考核标准、教学进程计划及毕业证书样本等。纳入合作伙伴在学习服务形式上的模型、启动会议的形式（工作坊）。

b) The learners' commitment and responsibilities：

学员的承诺和责任：

条款内涵及评价项目

学员可对学习服务提供者所提供的信息表达一定的反馈意见，并遵守应有的完成学习任务所规定要求的承诺（如学习的有关要求、纪律的规定、平均学习时间）等。

应制定的文件、表单

学员承诺信息表、对所需的平均学习时间的信息等。激励学员主动参与学习的例子、记录学生的责任和义务的形式（样本）。

c) The LSP's commitments and responsibilities to the learner.

学习服务提供者对学员的承诺和责任。

条款内涵及评价项目

主要是 LSP 应提供的教学服务内容和应遵守的义务（如合同协议）。

应制定的文件、表单

LSP 的承诺和责任的合同、LSP 学习服务的交付和学习者的具体承诺和义务的过程描述文本。

d) The procedures to be used in case of dissatisfaction of any interested party, or disagreement between any interested party and the LSP.

如若任何利益相关方不满或与学习服务提供者之间出现分歧，应采取相关处理程序。

条款内涵及评价项目

作为利益相关方，学生、教师、家长、社会用人单位（企业）对教育服务都有相应的知情和参与权利，也有一定的表达意见的权利，因此，应制定相应的利益相关方意见表达处理渠道或机制（如投诉管理制度）。

应制定的文件、表单

过程的描述，例如不合格的管理；纠正和预防措施，投诉管理，解决冲突的方法，例如调解。

e) Support for learning, such as library access, hotline, counseling services, computer access, mentoring, etc.

学习的支持，如图书馆访问、热线、咨询服务、网络服务、辅导等。

条款内涵及评价项目

学习服务提供者应为学员尽可能多地提供学习支持，如：图书馆学习、咨询热线、教师辅导、师生交流时间安排、网络访问、各种学习主题活动等形式。

应制定的文件、表单

描述提供学习服务的过程，列出并解释支持学习的具体形式，整理最佳实践支持学习的主题。

f) Methods and schedule for evaluation.

评价的方法和日程安排。

条款内涵及评价项目

针对学习内容的每一个部分，应在学习计划中明确考核评价的方法、时间以及进程安排。

应制定的文件、表单

评估课程的指标、过程的说明或指引，来解释评价方法的应用、评估标准。

g) Any prerequisites, technical or otherwise, such as required skills, qualifications and professional experience. Commencing with, or prior to, delivery of the learning service, the LSP shall notify those financing the service of the charges for which they are responsible, such as tuition fees, examination fees and the purchase of learning materials.

任何学习的先决条件，各种技术或其他因素，如所需的技能和职业经验等。在学习服务交付时或之前，学习服务提供者应告知相关费用，如学费、考试费以及学习资料购买费等。

条款内涵及评价项目

应明确本学习服务的收费细则，并提前告知学员，确认每一个学员之预知。

应制定的文件、表单

收费的相关规定政策文件，收费标准价目表，课程基础的先决条件的书面声明，以及学习者、教师、学习顾问等在教育过程中的能力要求。

3.3.2 确保学习资源提供的可用性和可访问性 Ensuring availability and accessibility of learning resources

The LSP shall ensure that:

学习服务提供者应确保：

a) All resources as defined in the curriculum are available.

课程中定义的所有资源都是可用的。

条款内涵及评价项目

教学项目或课程中所列出的教学用资源，学习服务提供者应确保正常可用，以确保满足教学质量，确保课程所提供的所有资源的供应是稳定的证明（4.8 资源的分配）。

应制定的文件、表单

有关资源管理的管理制度与规范；资源管理的流程描述和其他规格（具体的活动，如技术设施故障时或受到破坏时的规则和所采取的行动和技术设施中用户行为的规范）；维护和保养计划，包括交付管理；资源清单。

b) All facilitators responsible for delivering the learning services have these learning resources available and are trained in their use.

负责提供学习服务的所有人员已有这些学习资源，并进行了相关培训。

条款内涵及评价项目

所有教学资源应确保教师都能掌握和应用，并提供教师获得这些资源的证据，包括空间、资源规划。注意教师现有的能力是否足够来处理这些资源。

应制定的文件、表单

课程与学习资源的规格；规划学习服务所采取的手段（学历证、教师资格证、行业资格或技能证、相关培训证书等）、技术资源等应考虑在内；教师利用学习资源的能力要求。

c) All resources as defined in the curriculum can be accessed by the learners.

学员可访问课程涉及的所有资源。

条款内涵及评价项目

学员可使用课程涉及的所有资源的证据（如对资源使用的规则，含教室、实验室、网络资讯、图书资料等）。

应制定的文件、表单

课程与利用学习资源的具体准则；处理学习资源的具体规则、命令、指引或类似的规则（如实验室的规则、电脑室的行为规则等）；学生使用的记录。

3.3.3 学习环境 The learning environment

In cases where the LSP is responsible for providing or selecting the learning environment, the LSP shall ensure that it is conducive to learning. If the LSP does not have control over the learning environment, the LSP shall specify minimum requirements for it.

当学习服务提供者负责提供或者选择学习环境时，学习服务提供者应确保学习环境有利于学习。如果学习服务提供者不能够控制学习环境时，学习服务提供者应规定学习环境的最低要求。

NOTE 1　The learning environment includes facilities, equipment, learning materials, etc.

注1：学习环境包括设施、设备、学习资料等。

NOTE 2　See also 4.8 on the allocation of resources when considering learning environment, because the two aspects are closely related.

注2：见4.8，考虑学习环境时资源的分配，因为资源和学习环境是两个密切相关的因素。

条款内涵及评价项目

学习服务提供者应确保提供一个良好的学习环境，以证明在任何情况下保证学习的正常进行；制定教学设施、设备、学习资料的配置要求和管理要求；学习服务提供者应规定学习环境的最低要求，并确保能够执行。

应制定的文件、表单

明确制定 LSP 在质量管理体系中资源管理的范围内，学习环境的最低要求，并使教师、学生知会；针对学习环境的要求订立具体的学习服务指导方针；支持学习所需的基础设施和环境配套的改进措施。

3.4 学习服务交付的监测 Monitoring the delivery of the learning services

The LSP shall ensure that feedback is requested from learner on the methods and resources used, as well as their effectiveness in achieving the agreed learning outcomes.

学习服务提供者应确保从学员处获得关于所使用的学习方法与资源的反馈，以及是否有效达成预期学习成果的意见。

NOTE For feedback from other interested parties, see 4.10.

注：其他相关方的反馈见 4.10。

条款内涵及评价项目

学习服务提供者应制定学生关于学习意见的反馈机制或制度，以定期或不定期听取意见，征询学习者关于学习目标，期望的达成度、满意度，并提供获得来自学生反馈的证明（如使用问卷反馈、汇总表等）。

应制定的文件、表单

课程与教学监测制度；调查反馈问卷和对参与者满意情况的进一步质询；收集反馈意见的具体手段和技巧（例如使用卡纸、改进工作方法等）。

3.5 学习服务提供者实施的评价 Evaluation carried out by learning service providers

3.5.1 评价目标和范围 Evaluation goals and scope

The LSP shall：

学习服务提供者应：

a) Describe general and specific evaluation goals and, the assumed scope of the evaluation.

描述总体和特定的评价目标，以及预期评价范围。

条款内涵及评价项目

评价目标的描述和预期评估范围（什么，何时，多久）。

应制定的文件、表单

（见课程）课程规范性评价、评价指南等。

b）Ensure that all evaluation methods and means employed by the LSP, including their schedule and rationale, are recorded.

确保学习服务提供者采用的所有评价方式与方法包括其日程安排与理由被记录在册。

条款内涵及评价项目

制定学习评价的方式、方法，参与评价的人员及组织形式；评价方法和工具的记录文档。

应制定的文件、表单

评价指南、记录文本。

c）Ensure that all evaluation procedures are planned, selected and conducted in order to meet the intended objectives, and that they can be implemented in such a way as to provide value to the various interested parties.

确保评价程序的计划选择和实施能够达到预期目标，并且对各利益相关方有价值。

条款内涵及评价项目

学习服务提供者应有足够已制定的文件、表单，并展示评估过程是否符合评估的预期目标，各利益相关方的期望应在评价指标中，并得到各利益相关方的配合和认可（包括利益相关方在内）。

应制定的文件、表单

评价方案与标准。

d）Ensure the evaluation is conducted legally and ethically.

确保做出的评价合法并符合道德规范。

条款内涵及评价项目

应符合有关政策、规定，也应考虑到法律和道德原则，如学习者的隐私权等。

应制定的文件、表单

中国的数据保护公约/准则（数据保护指南）、中国的数据保护法/宪章、中国联合国教科文组织全球委员会关于跨文化的教育方针等。

e）Ensure the information collected for LSP evaluations is：

确保学习服务提供者搜集的评价信息：

1) Focused and sufficiently comprehensive to enable evaluation questions to be fully answered and the needs of learners to be properly addressed;

全面并高度关注，完全解答评价问题以及恰当解决学员需求；

2) Systematically and accurately analyzed;

经过系统和准确的分析；

3) Valid, reliable and meaningful. The LSP shall take reasonable steps to reduce bias in evaluations.

有效、可靠、有意义，学习服务提供者应采取合理措施，减少评价中的偏见。

条款内涵及评价项目

评价信息来源应足够广泛，能够体现各相关方的意见，并以学习者为中心；确保对收集信息有较准确的分析、统计，排除不公正因素；对收集的信息、资料在合理范围内的证明、客观性评价的证明（无偏见）。

应制定的文件、表单

适合目的和足够全面、系统和精确的分析汇总报告；有效的、可靠的和有意义的评价标准条款。

3.5.2 学习的评价 Evaluation of learning

This sub clause addresses the requirements of the LSP with respect to measuring and analyzing the extent to which the individual learners are achieving, or have achieved, the learning outcomes of the learning service provided.

此子条款阐述了对学习服务提供者的要求，对提供学习服务给予个别学习者在学习过程中，或者完成学习后，对学习成果测量和分析的要求。

The LSP shall ensure that:

学习服务提供者应确保：

a) Access to results of LSP evaluation of the learner is given only to those with established legitimate consent to view the information, and that these results are in a format that facilitates the transportability of the evaluation.

对学员的评价结果仅供给既定的合法同意者查看，并确保评价的正式结果便于传递。

条款内涵及评价项目

仅供符合条件的相关方查看学员的评价结果的证明。

应制定的文件、表单

中国的数据保护公约/准则（数据保护指南）、中国的数据保护法/宪章、中国联合国教科文组织全国委员会关于跨文化的教育方针等。

b) Individual learners with difficulties, and those who require specific assistance with learning in order to achieve the agreed learning outcomes, can be referred to experts in the relevant field.

对个别学习有困难以及需要特别帮助才能达成学习目标的学员，可邀请相关领域的专家参与。

条款内涵及评价项目

当个别学员因文化背景、基础知识、特殊原因遇到学习困难时，学习服务提供者应提供支持学员的证明（包括邀请有关方面专家的支持证明）。

应制定的文件、表单

对学习障碍和特例提供学习帮助的文档。

3.5.3 学习服务的评价 Evaluation of the learning service

This sub clause addresses the requirements of the LSP with respect to measuring the effectiveness and quality of the learning service itself.

此子条款说明学习服务提供者对于衡量学习服务本身的效果和质量的要求。

The LSP shall ensure that：

学习服务提供者应确保：

a) The interested parties involved in, or affected by, the evaluation are identified.

识别参与评价或影响评价的利益相关方。

条款内涵及评价项目

有关相关方的名称。

应制定的文件、表单

评价标准。

b) The persons conducting the evaluation are competent and objective.

评价实施者是有能力和客观的。

条款内涵及评价项目

证明参与评价的实施者是有能力和客观性的相关证明（例如具备什么资格、工作、专业经历等）。

c）Evaluation reports are transparent and clearly describe the learning service, the learning service objective, the findings, and also the perspectives, procedures and rationale used to interpret the findings.

评价报告应清晰并准确地描述学习服务、学习服务目标、评价结论，以及用来解释结论的观点、程序和基本原理等同样要清晰并准确。

条款内涵及评价项目

评价报告应按条款要求，做到全面、完整，并符合条款提出的要求。

应制定的文件、表单

评价报告及调查表、汇总表等。

d）The content（e.g. learning environment）in which the learning service is provided is examined in enough detail to enable likely influences on the learning service to be identified.

对提供学习服务的状况（如学习环境）进行全面细致的审查，以便识别对学习服务影响的因素。

条款内涵及评价项目

考虑到学习环境对学习服务的影响因素，评价报告应回答学习环境（教室条件、实践场所、学习资讯）等对学习服务各方面影响的情况（分析），有无改进的计划，并提供评价证据、改进方案。

应制定的文件、表单

学习环境评价报告。

第四节　学习服务提供者的管理

4. 学习服务提供者的管理 Management of the learning service provider

4.1 管理的基本要求 General management requirements

A commitment to this International Standard shall be demonstrated at the highest level of leadership within the LSP.

学习服务提供者的最高级别领导者应证实本国际标准的承诺。

条款内涵及评价项目

记载中高层级别领导者对事实承诺的签署声明。

应制定的文件、表单

承诺声明、管理层评价。

The LSP shall establish and document a management system and ensure that it is understood, implemented, maintained and reviewed. The LSP shall designate a member of the management team to be responsible for the management system.

学习服务提供者应建立并文件化管理体系，并确保管理体系能够被理解、执行、保持和评审。学习服务提供者应指定管理层团队里一名成员对管理体系负责。

条款内涵及评价项目

文档管理系统（通常是"管理手册"）；员工必须能够证明已传阅和实施，了解熟悉其内容；管理者代表必须负责管理体系的实施、维护和审查，并明确管理代表人及其职责。

应制定的文件、表单

质量手册、IT 程序来设置和管理质量管理体系、管理委托任务或功能的配置文件或作业的说明。

The LSP's application of, and compliance with, the requirements of this International Standard shall be documented. These documents shall be accessible to all relevant personnel. Procedures shall be established to ensure the transparency, accuracy, relevance, circulation and security of the documentation.

学习服务提供者应文件化应用、符合本国际标准的要求。这些文件应可供所有相关人员查询。应建立程序以确保文件的清晰、准确、适宜、发放和安全。

条款内涵及评价项目

文档管理系统（通常是"管理手册"），专门的规划过程、程序，并确保所有相关人员可以查询到。文档应确保其透明性、准确性、相关性，还有流通性和安全性。

应制定的文件、表单

质量手册、IT 程序来设置和管理质量管理体系。

The LSP shall establish procedures for retaining records for a period consistent with its contractual and legal obligations (e.g. see ISO 15489). Access to record shall be consistent with the confidentiality arrangements established by the LSP.

学习服务提供者应建立符合其合同和法律义务中记录保存期的程序（见ISO 15489）。查询记录应遵循学习服务提供者建立的保密制度。

条款内涵及评价项目

制定记录控制程序文件，明确各层级应保存的记录文本类别、名称；达成一个专门有效的方法来进行存储、记录和访问当前数据，符合其合同与数据保护法规、隐私政策。

应制定的文件、表单

质量手册，有效文件注册表、记录控制程序及证明文件，有被定期检查的佐证材料。

4.2 战略和经营管理 Strategy and business management

In implementing this International Standard, the LSP shall draw up and document a business plan in accordance with generally accepted business planning practices. The business plan shall include a strategy business objectives, as well as a description of management structures. Key processes and LSP's quality policy.

在推进本国际标准过程中，学习服务提供者应根据通常可接受的经营策划实践，起草并形成文件化的经营计划。经营计划应包括战略与经营目标，描述管理结构、关键过程和学习服务提供者的质量方针。

Annex A outlines the usual content of a business plan.

附录A概述了经营计划的常用内容。

条款内涵及评价项目

经营计划书应包括愿景和使命：学习服务提供者文件化其愿景和使命，包括如何支持相关方的学习价值和公平对待；策略发展及定期评估：学习服务提供者指定其策略及其修订周期，并证明进行了定期评审；质量方针：学习服务提供者需文件化其质量控制方针；经营和质量目标：学习服务提供者需文件化其经营目标；记录其组织内部改进项目的执行情况，包括进度表。

在组织内部与质量方针相协调的、改进项目制定的可测量和可验证的目标；市场分析学习服务提供者定期评审并文件化学习服务的需求；组织和运行架构包括经营范围与相关合作；学习服务提供者文件化其组织架构并确保其架构在所有工作人员及合作者之间进行沟通；关键过程的识别和设计：学习服务提供者提供关键过程设计的证据，包括需求分析、设计、提供学习服务和评价；合作者：LSP 应策划和文件化怎样将合作者纳入到质量管理体系中。

应制定的文件、表单

经营计划书、策略形势分析、SWOT 分析——指标和关键数据，如节流潜力、改善流程和客户满意度、目标协议、质量保证协议、最佳实践范例、标杆管理、标杆管理流程、竞争分析、客户满意度指标、环境分析、组织结构图、合作伙伴的分类、过程相关图、关键工序的描述和监管、办学合作者清单等。

4.3 管理评审 Management review

The LSP Shall establish procedures to review its management system at planned intervals, in order to ensure its continuing suitability, adequacy and effectiveness, including the stated policies and objectives related to the fulfillment of this International Standard. These reviews shall be conducted at intervals appropriate to the contest, Annex B outlines the type of information that is generally included in the input to the management review.

学习服务提供者应建立定期评审其管理体系的程序，以确保其持续适宜性、充分性和有效性，包括与符合本国际标准有关的方针和目标。评审应按规定的周期进行。附录 B 概述了作为输入管理评审的通用信息。

条款内涵及评价项目

管理体系评审的信息要求应该包含：内部和外部审核结果；相关方对符合本国际标准的反馈；预防措施和纠正措施的实施情况；以往管理评审的措施跟踪；各项目标的实际情况；可能影响管理体系的任何变更；任何申诉、投诉及其处理；管理体系中任何不符合项的识别和解决；学习服务的评价结果。管理评审应该采取的决策和行动包括：管理体系及其过程有效性的提升；与本国际标准符合性的提升；学习服务有效交付所需的资源。

应制定的文件、表单

评审流程说明、评审程序、评审计划、评审报告。

4.4 预防措施和纠正措施 Preventive actions and corrective actions

The LSP shall establish procedures for identifying nonconformities in the management system e. g. the Plan-Do-Check-Act (PDCA) cycle. The LSP shall also, where necessary, take actions to eliminate the causes of nonconformities, in order to prevent recurrence. Preventive actions shall be sufficient to eliminate the causes of nonconformities, in order to prevent recurrence. Preventive actions shall be sufficient to eliminate causes of potential nonconformities. Corrective actions shall be appropriate to the impact of the problems encountered. Annex C outlines the type of preventive actions and corrective actions that are generally taken.

学习服务提供者应建立程序来识别和管理其管理体系中不符合的事项，如计划—执行—检查—修正（PDCA）的循环。必要时，学习服务提供者应采取行动消除不符合的原因，以防止其再次发生。预防措施应足以消除潜在不符合项的因素。纠正措施应能够消除相关问题所产生的影响。附录C概述了预防措施和纠正措施应采取的行动。

条款内涵及评价项目

管理程序用于检测和处理管理体系中不符合的事项，包括错误原因分析及排除（预防和纠正措施的控制）；该方法的有效性证明；预防措施和纠正措施包括：识别管理体系中的不符合项；确定不符合项的原因；预防或纠正不符合项，评价须采取的行动，以确保不符合项不再出现；及时制定和实施所需的措施；记录所采取措施的结果；评估所采取纠正措施的有效性。

应制定的文件、表单

过程或不合格分析——鱼骨图（石川图）、数据收集、数据分层（根据不同类别的数据分层）、帕累托分析（ABC分析）、FMEA（失效模式与影响分析）、直方图、相关图、概率网格、图形和文字描述。

4.5 财务管理和风险管理 Financial management and risk management

The LSP shall have in place and shall document the following in order to ensure its business continuity.

学习服务提供者应将下列内容执行到位和文件化以确保经营的连续性。

a) An appropriate financial management system.

适当的财务管理体系。

条款内涵及评价项目

一个合适的财务管理系统的执行情况和效果的书面证据（财务分析、财务规划、财务控制）。

应制定的文件、表单

资产负债表及损益分析、关键数字比较、现金流分析、盈亏平衡分析、成本定价。

b) A system for identifying, assessing and managing risk.

识别、评估和管理风险的系统。

条款内涵及评价项目

一个合适的风险管理系统的执行情况和效果的书面证据（风险识别、风险评估、风险处理）。

应制定的文件、表单

SWOT 分析、风险矩阵、可行性研究、平衡计分卡、故障树分析、风险清单、FMEA（失效模式与影响分析）。

4.6 人力资源管理 Human resources management

4.6.1 学习服务提供者的工作人员和合作者的能力 Competencies of the LSP's staff and associates

The LSP shall ensure that any staff and associates have the competencies needed to carry out the processes outlined in Clause 3 and this clause within their job descriptions, and that these competencies are maintained.

学习服务提供者应确保其所有工作人员和合作者知悉自己岗位能力要求的说明，有描述其具备执行本标准第三章和本章所概述的过程的核心能力，并维持这些能力。

The LSP should provide job descriptions that refer to the core competencies required, which shall be reviewed at appropriate intervals.

学习服务提供者应该提供职务说明，指出要求的核心能力，并应按合适的周期评审。

NOTE Annex D provides further information to illustrate some of the core competencies referred to in this International Standard.

注：附录 D 提供了涉及本国际标准的一些核心能力的信息。

条款内涵及评价项目

学习服务提供者的工作人员和合作者的工作/职位描述（如外部讲师），可参照附录 D 按合适的周期来评审其职位描述和所需核心能力的证明。

应制定的文件、表单

职位描述、个人能力评价报告。

4.6.2 学习服务提供者能力、绩效管理及专业发展的评估 Evaluation of LSP competencies, performance management, and professional development

This sub-clause addresses the requirements with respect to measuring the degree to which member of staff or associates of the LSP have the competencies required to effectively carry out the activities with which they are charged, and managing the performance staff and associates.

本条款阐述了学习服务提供者关于衡量其工作人员或合作者具备足够的能力来有效地执行其职责的工作活动要求,并管理这些工作人员和合作者的工作表现。

The LSP shall ensure that:

学习服务提供者应确保:

a) The competencies of each member of staff or associate providing learning services under its auspices are assessed or reviewed in relation to their job description, and that the assessments or reviews are documented.

针对其岗位及职务说明,保证对每个工作人员或合作者提供学习服务的能力进行评价或评审,并将评价或评审文件化。

条款内涵及评价项目

按其职位描述的要求进行评价或评审,并与员工进行访谈,及以书面等形式做纪录。

应制定的文件、表单

评价方案或标准及评分模型、评价的相关信息或文本记录。

b) Systems are developed and implemented for managing and providing feedback on the competence and performance of staff.

开发和执行一套工作人员的管理、评价并反馈其能力与表现的系统。

NOTE This can be done by various means, including regular observation of teaching and training sessions, and feedback to instructors on these observations.

注:这可通过一系列的方法来实施,包括定期的教育和培训活动。

条款内涵及评价项目

按管理程序/系统来审查与监控工作人员的服务和能力(包括反馈)。

应制定的文件、表单

反馈规则、参加者的评价表、同行报告、反馈记录。

c) Feedback is obtained from staff and associates on their motivation and job satisfaction.

收集来自于工作人员及合作者对其激励情况和工作满意度的反馈。

条款内涵及评价项目

对工作人员及合作者给出的工作动机与满意度进行分析，并将其合理建议用于管理制度的改进。

应制定的文件、表单

目标协议、目标管理改进记录。

d) Staff and associates undertake continuous professional development, and the impact of this is evaluated and documented.

工作人员与合作者应不断提升职业能力，其效果应被评估和文件化。

条款内涵及评价项目

教育服务提供者应制定其工作人员及合作者的专业发展、职务发展、能力提升规划，使他们工作质量提升制度化，并进行实施和评价，及提供书面证据。

应制定的文件、表单

目标协议，专业发展、能力提升证明，资格认证计划。

e) The evaluation procedures that are chosen or developed and implemented provide valid and reliable information about the competencies of team providing learning services.

选择或开发至实施的评估程序可提供关于学习服务团队能力的有效及可靠的信息。

条款内涵

a) 项所述的评估必须提供有效和可靠的信息。

应制定的文件、表单

差距分析、SWOT 分析、评分模型或排序模型。

f) All aspects of these processes are consistent with relevant legislation and with the basic principles of fairness and human right, and they are regularly reviewed.

评价过程的所有方面应遵循有关法律，符合公正和人权的基本原则，并定期评审。

条款内涵

在遵循有关法律，符合公正和人权的基本原则下定期监测与评审。

应制定的文件、表单

中国的数据保护公约、数据保护指引、中国的数据保护法和数据保护法律。

4.7 沟通管理（内部/外部）Communication management（internal/external）

The LSP shall appropriate, implement procedures to inform and consult with staff and associates on issues which may have a direct impact on them, and shall facilitate two-way communication.

学习服务提供者应执行程序去告知和咨询有可能对工作人员和合作者造成直接影响的问题，并促进双向沟通。

The LSP should provide opportunities for communication amongst staff and associates.

学习服务提供者应该提供与工作人员和合作者沟通的机会。

条款内涵及评价项目

如果合适的话，管理层、工作人员和合作者之间应建立执行告知和咨询、通信的程序。通过双向沟通，学习服务提供者应该提供与工作人员和合作者沟通的机会。

应制定的文件、表单

内部沟通联系网、工作简讯、告示栏等。

4.8 资源的分配 Allocation of resources

The LSP shall ensure that the necessary staff and associates and learning resources are selected and deployed, taking into account any specific needs, and that learning resources are maintained.

学习服务提供者应考虑任何特定需求，确保选择和安排所需的工作人员、合作者和学习资源，及对学习资源进行维护。

NOTE See also 3.3.2 and 3.3.3.

注：见3.3.2和3.3.3。

Example Personnel: learning materials; equipment information technology infrastructure [for special needs, e. g. see web content accessibility guidelines (WCAG)]; working and leaning equipment for learning services provided away from the LSP's premises; catalogues of educational technologies and of special needs; career counseling services.

示例：人员；学习资料；设备，包括IT设施；工作和学习环境；LSP合约之外所提供学习服务的其他设备；教学技术和特殊需求的目录；就业指导服务等。

条款内涵及评价项目

系统方法，应按照特定需求来提供/分配必要的人力、物力和维护计划等。

可参照3.3.2和3.3.3。

应制定的文件、表单

IT支持的资源管理。

4.9 内部审核 Internal audits

The LSP shall establish procedures for internal audits, in order to verify that it complies with this International Standard and the management system is being effectively implemented and maintained.

学习服务提供者应建立内部审核程序，以验证ISO 29990标准的符合性，以及管理体系执行和保持的有效性。

An audit programme shall be planned which takes into account the relative importance of the processes and areas to be audited, as well as the results of previous audits. This audit programme shall cover of the processes over, at most, a period of 36 months.

审核方案应基于被审核过程和区域的重要性，及以往审核结果进行策划。本审核方案应覆盖所有的过程，至少以36个月为一周期。

条款内涵及评价项目

内部审核的管理程序、过程的策划、实施并以文档记录保存。审核计划的记录，涵盖的所有过程一般不超过36个月；实施内部审核的证明。

应制定的文件、表单

内部审核方案、流程说明、审核程序、审核计划、审核报告。

The LSP shall ensure that:

学习服务提供者应确保：

a) Internal audits are conducted by suitably qualified persons with knowledge of auditing and the requirements of this International Standard.

内部审核由符合本国际标准要求和具备审核知识的合格审核员执行。

条款内涵及评价项目

合格的内审员需要熟悉这个标准。

Auditors do not audit their own work.

审核员不能审核自己的工作。

条款内涵

本部门内审员不能审核本部门，应聘用外部或其他部门审核员，以保证内部审计的独立性。

应制定的文件、表单

相关工作要求及证明、内审员资格证书。

b) The staff responsible for each area audited are informed of the outcome of the audit.

审核结果应告知被审核区域的负责人员。

条款内涵

审核结果应反馈给受审核方。

应制定的文件、表单

相关工作要求及证明、内审反馈意见通知。

c) Any opportunities for improvement are identified.

识别改进机会。

条款内涵

内部审核应指出任何改进的机会。

应制定的文件、表单

相关工作要求及证明、内审改进的报告。

d) Any actions resulting from internal audits are taken in a timely and appropriate manner.

根据审核结果及时并采取适当的改进措施。

条款内涵及评价项目

审核结果应通过一定的方式及时传达到各部门，并对照 ISO 29990 管理标准进行改进，定期进行成效检验。

应制定的文件、表单

相关工作要求及证明。

4.10 利益相关方的反馈 Feedback from interested parties

The LSP shall have in place and shall utilize systems for gathering feedback from interested parties on the learning services provided, and for analyzing, responding to and, where appropriate, acting upon it.

学习服务提供者应建立并使用系统收集利益相关方对所提供的学习服务的反馈,并对其进行分析、响应,以及适时实施对策。

条款内涵及评价项目

建立收集利益相关方反馈信息的机制或方案,进行识别、分析、评估和应对利益相关方满意度的证明。

应制定的文件、表单

客户数据库、满意度和成功状况的调查分析。

The LSP shall have in place a system for handling complaints and appeals, and shall make this known to its interested parties.

学习服务提供者应有到位的系统去处理投诉和申诉,并应告知利益相关方。

条款内涵及评价项目

已经对相关方发表和运作投诉管理系统的证据。

应制定的文件、表单

利益相关方名单统计表、反馈信息记录单。

第五节 附 录

附录 A Annex A

(资料性附录)(Informative)

经营计划的内容 Business plan content

A business plan usually covers the following areas:

经营计划通常包括以下四方面:

a) Vision and mission: the LSP documents its vision and mission, including how it supports the value of learning and the fair treatment of its interested parties.

愿景和使命：学习服务提供者文件化其愿景和使命，包括如何支持相关方的学习价值和公平对待。

b) Development and regular assessment of strategy：the LSP specifies its strategy and the revision period, and demonstrates that these periodic reviews are conducted.

策略发展及定期评估：学习服务提供者指定其策略及其修订周期，并证明进行了定期评审。

c) Quality Policy：the LSP document its quality and quality control policy.

质量方针：学习服务提供者需文件化其质量控制方针。

d) Business and quality objectives：the LSP.

经营和质量目标：学习服务提供者。

1) Documents its business objectives.

文件化其经营目标。

2) Records actual implementation of improvement projects within the organization, including timeframes.

记录其组织内部改进项目的执行情况，包括进度表。

3) Specifies measurable and verifiable objectives for improvement projects within the organization, linking them to its quality policy.

在组织内部与质量方针相协调的，改进项目制定的可测量和可验证的目标。

e) Market analysis：the LSP periodically reviews and documents the demand for learning services.

市场分析：学习服务提供者定期评审并文件化学习服务的需求。

f) Organizational and operational structure, including business areas and cooperations：the LSP documents its organizational structure and ensures that this structure is communicated to all staff member and associates.

组织和运行架构，包括经营范围与相关合作：学习服务提供者文件化其组织架构并确保其架构在所有工作人员及合作者之间进行沟通。

g) Identification and design of key processes：the LSP provides evidence of the design of key processes, including needs analyses, design, delivery and evaluation.

关键过程的识别和设计：学习服务提供者提供关键过程设计的证据，包括需求分析、设计、交付和评价。

h) Associates: the LSP plans and documents how it integrates the associates into their work.

合作者：学习服务提供者策划和记录合作之间如何共同协作。

附录 B　Annex B

（资料性附录）（Informative）

管理体系审评信息 Information for management system reviews

The information required for management system reviews should include:

管理体系评审的信息要求应该包含：

a) The results of internal and external audits.

内部和外部审核结果。

b) Feedback from interested parties related to compliance with this international standard.

相关方对符合本国际标准的反馈。

c) The status of preventive actions and corrective actions.

预防措施和纠正措施的实施情况。

d) Follow-up actions from previous management reviews.

以往管理评审的措施跟踪。

e) The fulfillment of objectives.

各项目标的实际情况。

f) Any changes that could affect the management system.

可能影响管理体系的任何变更。

g) Any appeals and complaints, as well as the handling of them.

任何申诉和投诉，及其处理。

h) Identification and resolution of any nonconformities in management system.

管理体系中任何不符合项的识别和解决。

i) The results of evaluation of the learning services.

学习服务的评价结果。

The management review should lead to decisions and actions about:

管理评审应该采取的决策和行动包括：

Improving the effectiveness of the management system and its processes.

管理体系及其过程有效性的提升。

Improving compliance with this International standard.

与本国及标准复合型的提升。

The resources needed for effective delivery of the learning services.

学习服务有效交付所需的资源。

附录C　Annex C

（资料性附录）（Informative）

预防措施和纠正措施 Preventive actions and corrective actions

Preventive actions and corrective actions include：

预防措施和纠正措施包括：

a）Identifying nonconformities in the management system.

识别管理体系中的不符合项。

b）Determining the causes of nonconformity.

确定不符合项的原因。

c）Preventing or correcting nonconformities, or preventing and correcting nonconformities.

预防或纠正不符合项，或者预防和纠正不符合项。

d）Evaluating the need for actions in order to ensure that nonconformities do not rescore.

评价须采取的行动，以确保不符合项不再出现。

e）Determining and implementing the actions needed in a timely manner.

及时制定和实施所需的措施。

f）Recording the results of actions taken.

记录所采取措施的结果。

g）Reviewing the effectiveness of corrective actions taken.

平时所采取纠正措施的有效性。

第五章
ISO 29990 职业教育质量管理体系案例

ISO 29990 职业教育质量管理体系是按照 ISO 29990 系列标准，建立职业院校的教学质量管理体系，是一种全新的教学管理模式构建。这一模式的构建和应用必将对职业院校的教学改革与发展的管理理念及质量意识产生深远的影响。实施标准化管理，加强过程监控，是新时期国家对职业教育与培训提出的新要求。实施 ISO 29990 标准化管理，将使职业教育与培训从经验式管理走向现代化、标准化、科学化的轨道，有利于职业教育与国际接轨，有利于扩大职业教育的社会影响力，促进社会对职业教育规范办学和质量保证的认可。目前，国内已有广东省中山火炬职业技术学院、江苏省昆山第一中等专业学校、上海人从众教育培训有限公司、广州优标科技有限公司等院校、培训机构及职业教育服务组织引进并构建了 ISO 29990 国际职业教育质量管理体系。也有借助 ISO 29990 的理念和方法进行专业建设与教学改革的其他多重应用，如江苏中科教信息技术有限公司将 ISO 29990 引入到院校信息化建设平台中，使职业院校信息化平台在科学性、规范性上得到较大提升；广东顺德第四职教集团将 ISO 29990 引入到新工科专业建设中，探索出了新经济形势下新工科专业建设的路径；佛山南海盐步职业技术学校将 ISO 29990 引入到教学诊断与改进中，并在中职学校教学诊改工作中取得创新性成绩。本章就如何依据 ISO 29990 质量标准构建职业院校教学质量管理体系以及中山火炬职业技术学院应用 ISO 29990 质量标准构建和应用所取得的初步成效进行介绍。

第一节 从 ISO 29990 质量标准到构建质量管理体系的路径

ISO 29990 质量标准条款全面地给出了 ISO 管理的理念和方法，虽然条款结构与内容并不复杂，但其内涵非常丰富。不同的国家有不同的国情（各自国家法律法规的背景），不同的院校也有不同日常管理的习惯特点。因此，职业院校建立 ISO 29990 质量管理体系，应以 ISO 29990 理念为指引，按照 ISO 29990 标准条款，在分析学校自身教学管理、环节的基础上，结合自身特点构建和建立。虽然标准条款相同，但不同的院校其最终构建的体系并不完全相同，应该具有院校自身管理文化的特点。因此，没有绝对的标准样本，也没有统一的可供直接应用的体系。标准样本可以参考，但一定不能复制。ISO 29990 管理体系的构建不是要推翻学校目前的管理制度和机制，而是通过对自身管理基础的分析，按照 ISO 29990 标准条款，与现有管理制度相结合，对现有管理制度进行改进、科学化规范和提升。ISO 29990 国际标准化体系的建立，是一个复杂而系统的工程，需要做好以下几个方面的工作。

一、树立现代国际化职业教育理念

（一）职业院校的产品是教育服务

多年以来，我国职业教育办学的特点，无不体现从上到下的管理体制特点。职业院校传统的管理思维缺乏对学生的服务意识，把学生当成管理的对象。办学的政府是学校的管理者，学校要向上级管理者和社会负责。作为中国教育的承载者，学生在潜意识中，缺少对自身学习目标和权益的主动思考，更多的是作为被教育和被管理的对象出现在教育教学当中。曾有不少人认为：学校的产品就是学生。这个观点在今天可能还会有不少认同者。这种教育者将自身放在高高在上的位置和主要地位的思想和思维方式必将影响学校在办学中的理念、制度、作为和院校的管理模式。"教育产品的本质是服务"[1]；近年来，国际职业教育、国内职教领域越来越多的专家明确提出：

---

[1] 曹光荣，黎嫦娟. 论经营高校的科学内涵 [J]. 中国高等教育，2006（1）.

"职业教育的产品是职业院校向社会提供的教学和训练的服务"[1]。

以 ISO 29990 标准体系的理念,学校是教育服务的提供者。那么,学校的顾客是谁呢?对于学校来讲,顾客是一个群体,包括学生、家长、用人单位、上级主管部门、教师等。学生是教育服务的直接消费者,学校把教育服务提供给了学生,学生为此交纳了学费,从而形成了提供产品和接受产品的消费关系;家长是间接顾客,为学生提供经济支持;用人单位接收学校毕业生,是学校服务的对象;院校举办方或国家(上级教育管理部门)作为投资办学者,是学校办学的管理者;教师作为学校教学直接实施者其自身利益关系着教学质量与管理的直接关系,他们组成了学校的顾客这样一个群体。其他合作办学者或社会组织也是学校的利益相关方。

学生只是学校服务产品的载体。学校的教学质量和教育效果是通过学生来体现的。因此,教育产品本质上是一种服务产品。按照中国人的观点,顾客是上帝,学生当然不可能成为学校或教师的上帝。但如果学校能够具备为学生服务的观念,并努力不断地改进,提供优质的教学质量,这就具备了构建 ISO 29990 质量标准的思想基础。

明确了职业院校的服务对象群,那么,职业院校如何通过提供优质的职业教育服务,满足服务对象的需要,使各类服务对象给出较高的评价,这是现代经济社会对职业院校提出的本质要求,也是服务社会、实现职业院校社会价值的关键所在。

"教育服务"理念就是职业院校全体教职工都应将提供优质教育服务作为共同追求的目标,促进学院的综合水平持续改进并不断提高。

(二) 将顾客的需求作为办学的目标

教育服务,不同顾客要求是不同的:学生和家长关注的是专业教学的质量,能够学习到知识、能力、技能,以及未来就业的前景;用人单位所关注的是学校培养的人才是否适合单位岗位的要求,是否能够很快上岗;上级主管部门则要求学校按照国家的教育方针、政策法规规范办学,保障学生的身心健康,提升全面素质,为社会培养合格的人才;而学校内部的教师等则要求学校能够提供教师专业发展的平台、进修的机会、个人发展的环境等。

---

[1] 杨进. 回归本质,推进职教改革 [N]. 光明日报,2016 – 03 – 01.

组织依存于顾客，同样，职业院校因以上利益相关者而存在。因此，职业院校在办学中应当了解每一个利益相关者的诉求，应当遵照顾客当前和未来的需求，满足顾客要求并争取超越顾客期望。

按照 ISO 29990 质量标准的要求，学校的办学目标要体现每一个顾客的需求。因此，学生和家长、国家（院校举办方或教育管理部门）、社会用人单位、教师、合作办学者的诉求都应在办学目标中得到体现和满足。要将顾客要求与学院的工作目标结合并实施，根据不同顾客要求来开展工作：主动开展顾客需求调研，如按照 ISO 29990 的要求，建立顾客诉求信息沟通渠道，要确保每一个顾客的信息能够得到落实和反馈。

目前，职业院校在办学目标、人才培养方案的确定、制定过程中，贯彻国家对职业教育的政策与要求，最大化地体现社会用人单位尤其是职业岗位（群）对职业人才的规格、能力和技能的要求。但对学生、家长、教师的需求的重视还不够，在提供学生的个性化教学、教师专业发展中还存在不足。

因此，在"教育服务"这一核心理念的引领下，职业院校应树立"以客户（所有）为关注焦点""系统化过程管理""持续改进"等 ISO 29990 体系理念，形成关注服务对象需求、建立服务质量机制，形成提高教育教学质量的持续改进管理体系。

（三）由目标管理向过程管理转变

现代管理理念发展很快，管理模式多种多样。在职业院校教育教学管理中，从宏观层面多采用的是目标管理模式。目标管理的本质是注重工作成果，构成激励性的组织环境，激发各级管理人员实现各自目标。其不足就在于目标管理易使管理者急功近利，易诱导组织将管理中心全部放在目标实现上，缺乏对目标实现过程的管理，而过程恰恰是质量形成的源头。与过程管理相对应的是目标管理，过程管理强调加强过程设计的科学性和有效性，注重对过程中发生问题的及时反馈和果断处理，注重对过程设计的及时调整和纠正。过程管理并非没有目标，只是注意管理过程中信息反馈及处理的及时性，它弥补了目标管理的不足。

职业院校教学质量实施过程管理时也不能忽视目标管理的作用，目标管理与过程管理两者并不矛盾，只是关注的重点和采取的方式、方法不同。

近年开展的高职院校人才培养工作评估和中等职业学校教学质量评估是

影响较大的两个因素。但他们都是从目标考察的角度去衡量职业教育的质量，是结果性检查。而目前实施的高职院校数据平台（中等职业教育平台正在研制中）和专业发展平台，是从数据监控角度来监控院校的建设与发展情况，都没有涉及院校日常教学，即教学过程。因此，过程管理理念的建立是实施 ISO 29990 的思想与理论基础。

将职业教育的人才培养目标和教学改革要求融入质量管理体系要求之中，由此形成职业院校科学、规范的教育教学质量管理体系。

二、从全面和整体上设计管理体系

ISO 29990 的质量管理理念是建立在教学质量是由每个教学环节质量来组成和保障的。过程管理的基础是每个教学环节管理组成的，它应涉及学校人才培养的全过程，涉及教师、教学辅助人员、合作企业、实训指导师傅等。因此，体系构建应按照 ISO 29990 从输入到输出，即人才培养的全过程来考虑，实行全员参与是体系构建和高质量运行的基础和保证。

（一）从认识上自觉接受质量标准

多年来，职业院校的教学与管理人员习惯了自身形成的传统教学与管理模式，并不能很快地接受新的质量管理理念和方法，甚至认为 ISO 族质量管理与现有管理模式是矛盾冲突的，对运行 ISO 质量管理体系有抵触情绪。他们没有完全理解 ISO 质量管理体系对提升学校教学质量管理水平和提升学校市场竞争力的作用，还没有能力也不会将其用于实际工作中。

对于这样一个新的事物，学校首先应加强质量标准和体系的培训，强化教职工质量意识。有效运行质量管理体系需要全员参与，树立全员质量意识，将质量目标分解到教学管理的每一个具体环节和岗位中去。通过对全员进行质量管理知识的培训，使教职工真正了解质量管理体系的作用和意义，了解和领会学校质量方针和质量目标，正确理解和运行有关程序文件和支持性文件；质量管理骨干（包括内审员）除了树立质量管理思想外，还要掌握标准的各项要求，参与体系的策划；对于最高管理层领导，需要重点了解管理思想的发展、策划的思路等。只有每一名教职工都树立了质量管理意识，把质量管理作为个人工作的自觉行动，质量标准体系才能真正落到实处并发挥出应有的作用。

（二）人人熟悉体系内容

ISO 29990 标准条款，主要分教学服务与学习服务管理两大部分。其中教学服务提供从教学利益相关方的信息采集，到课程体系和人才培养方案的制定，到课程标准制定和开发、教学过程及教学条件保障等，主要涉及职业院校的系、教研室、专业和课程等机构和内容，是其最核心的部分；而学习服务管理主要是学校层面教学的运行制度制定、运行管理模式、教师资源、教学资源、教学质量监控、校企合作管理等层面的管理，涉及学校的教学、人事、实训、设备、后勤、学生等部门。因此，质量标准体系的有效运行，应从学校上下共同努力。

没有对体系内容的深入了解，会造成认识上的不到位和行动上的茫然。领导层忽视质量体系文件的规定，从而不能将其有效纳入日常管理中；中层管理者和基层人员不能自觉地执行文件；有些人员认识不到按质量体系进行管理对于人才培养质量的重要性，避免出现重"建"不重"用"的现象。

院校构建质量体系，应贯彻好把"以顾客为关注焦点"作为体系运行的落脚点，并不断将其需求转变成与此相适应的服务，才能使质量体系运行不断地得到持续改进，并做到：（1）调查、识别并理解学生、用人单位和社会的需求与期望，使学校的专业设置、课程设置和培养目标相结合。通过有针对性地开展问卷调查，广泛收集各种数据和资料，并进行科学的统计分析，为确立办学目标、办学决策提供依据。（2）要依据学生、用人单位和社会的需求与期望制定各项具体的教学目标、学校办学目标，将外部需求转化为内在指标。（3）把要求通过内部沟通和分解变为可以执行的文件。通过不断修改、完善质量管理体系文件，使确定的目标变得可实现。（4）有计划、系统地调查各方面的满意程度并依据测评结果采取改进措施，保持持续改进。

三、构建 ISO 29990 质量标准体系

职业院校教学管理存在一定的规律性，但每一个院校都有其文化特点、管理特点，甚至日常运行也带有不同的管理习惯。ISO 29990 质量标准体系的建立其核心是按照 ISO 29990 的理念和标准条款，并结合院校自身的管理

基础，进行改进和提升管理质量和水平。在建立 ISO 29990 管理体系过程中，重点要构建以下管理文件和建设内容。

（一）质量手册

质量手册是规定组织质量管理体系的文件，是组织在质量管理方面的说明书，是对质量管理体系的总体策划，是组织构建 ISO 29990 质量体系的总体框架。主要描述组织如何按照 ISO 29990 标准中每个条款来实施管理的内容，它应能协调各部门之间的质量活动，并向外部证实组织质量管理体系的主要文件；是体系纲领性的综合管理文件，更多地注重各工作的衔接。主要含有以下内容：

1. 质量方针

质量方针是院校按照 ISO 29990 的理念建立质量体系，达到教育服务目标而设立的指导思想，反映了学院领导层和全体教职工对现代质量管理所具备的观念和追求。

2. 质量目标

质量目标是学校实施 ISO 29990 质量管理体系后计划达到的总体办学目标的主要指标性内容，是院校提升管理水平、促进质量提高的标志性指标。如办学条件指标（教学设施、教学设备、师资水平）、教学内涵目标（课程建设目标、专业发展目标、教学手段改进）、办学质量目标（毕业生就业率、专业对口率、薪金水平、用人单位评价）、社会服务目标（技术服务、专利、企业培训）等。

（二）组织机构

构建 ISO 29990 质量管理体系，应按照其规定组建专门的机构，以推进建设 ISO 29990 体系建设。组织机构及名称也应符合国际惯例的要求。一般体系在学校运行应设置最高管理者代表、管理者代表及项目推进小组等。

1. 最高管理者代表

最高管理者代表应是学校的最高管理者，并代表学校承诺建立运行 ISO 29990 体系所应遵循的规定和原则。应承诺学校建立符合 ISO 29990：2010 标准的质量管理体系，形成文件有效实施和保持，并持续改进其有效性，能够达到：（1）识别质量管理体系需要的过程及其应用。（2）确定这些过程的顺序及其相互关系。(3)确定所需的准则和方法来保证过程的运行和控制是有效的。(4)确保必要的资源和资讯来支援过程的运行和监视。(5)监视、测量和分析这些过程。(6)实施必要的措施,以实现对这些过程策划的结果和对这些过程的持续改进。当学校决定选择合作办学单位(如行业、企业)进行合作时,最高管理者代表应确保对其实施控制。合作单位的管理控制在"合作办学"中规定。

2. 管理者代表

管理者代表是受最高管理者代表委托负责体系在学校运行的日常管理工作,是体系在学校建立和运行过程中的具体操作者。项目管理代表为学院ISO 29990项目的日常管理与执行者,负责协调与ISO 29990认证和质量管理体系保持的所有活动,包括:确保质量管理体系所需的过程得到建立、实施和保持;向最高管理者报告质量管理体系的业绩和任何改进的需求;确保在整个组织内提高满足各方要求的意识;主要负责研究制定项目实施措施、方案;安排独立培训项目责任人;评审项目执行的情况;监控专案执行过程;执行每月例会;协调处理日常工作,研究解决项目进行过程中的具体问题;监控整个纠正措施体系的有效性;作为建立和保持质量体系的管理者代表以满足ISO 29990要求。确保建设内容顺利实施并按期完成建设任务;项目最高管理者代表不在时,由项目最高执行代表或管理者代表代行其职务。

以上设置强调了院校领导在体系建设中的重要作用。承诺的突出,体现了"说到做到"的严谨规范理念。

3. 项目推进小组

项目推进小组是学校在构建ISO 29990体系中必须组建的专门组织。主要负责项目建设的文件起草、体系运行、监测、改进等。主要由学校主要职能部门(负责人)和骨干人员组成。在最高管理者代表领导下,管理者代表的具体组织协调下保证项目在学校内顺利运行。

4. 质量职责及其相互关系

分析已有管理基础,制定管理体系方略。职业院校教学管理的过程牵涉到学校内外的方方面面。按照ISO 29990的管理要求,在PDCA循环图中,牵涉到输入的就有学生、家长、社会用人单位、上级管理部门、教师等的信息;在教学运行与管理中,牵涉到学校的所有重要部门,如系、专业教研室,以及教务部门、实训部门、合作企业(单位)、人事部门、后勤部门等,这些部门如何相互衔接运行，顶层设计非常重要。

（1）识别教学当中重要的管理过程，按照PDCA循环原则形成完全管理体系（以流程图形式进行充分的识别）。

（2）确保各个过程之间紧密地衔接（部门之间接口严密，不能出现缺口或管理上的遗漏）。

（3）确定对体系监控的方法和频次（通过内部审核、管理评审、内部考核、外部评价等方法进行检查）。

在以上三点的基础上，制定学校的质量手册，明确质量目标；制定ISO 29990体系运行所有的程序文件；以现有管理制度为基础进行修改、制定体系运行的作业文件；明确各级记录的保存方式、时限等主要环节。

（三）文件系统

管理体系文件化是ISO 29990的重要管理特点。文件界定了教学各部门的职责和权限，可以更好地处理各部门间接口、活动的程序，使文件成为学校教学组织的法规。通过认真地执行文件从而达到教学质量管理的预期目的。

质量体系文件应是一部活的管理制度体系。学校的教学管理也会随着外部和内部情况的变化而变化，任何学校都必须根据当时当地情况正确运用ISO 29990的标准条款和理念解决教学中出现的变化，文件可以用来指导员工确立正确的行为，为评价工作提供证据。

1. 程序文件

程序文件是质量手册的框架性文件，是体系的第二层文件。程序文件是描述活动及相互作用的文件。它的作用是质量手册的支持性文件，是各职能部门为落实质量手册的要求而规定的实施细则。其基本内容有：阐明影响质量的管理人员、操作人员、监督检查人员的责任、权力和相互关系（做出规定）；说明各种不同活动实施方法，使用的文件和所进行的控制（主要是规定质量活动应做什么，即实施的方法和步骤，而不是叙述如何做的具体细节）；文件的编码和标题、版本、修改码；目的和范围：说明为什么要开展这项活动，涉及的方面以及禁止的事项；明确程序的主管部门和相关部门的职责和权限（文字描述或流程图形式）；相关的支持性文件，列出执行本程序所依据的支持性文件的名称和编码；相关的记录，列出执行本程序后所需的记录。

按照文件规定操作,可确保操作的重复性和结果的一致性;文件还可以用来记录在教学中的成功经验,以及根据经验上升的理论。当把改进成果纳入文件,变成标准化程序时,成果可得到有效巩固。

程序文件对于一些具体的工作规定了过程控制的途径(具体工作步骤和流程),以达到统一和规范的效果。如管理评审程序、内审程序、记录程序文件等系统运行文件。

作业文件(第三层次文件)是指学校进行管理和过程控制的制度、办法等指导性文件,是具体对各部门工作实施控制的文件。如学籍管理办法、教研管理办法、教务部门制定人才培养方案的原则意见、教师请假审批程序等。

记录是阐明所取得的结果或提供所完成活动的证据的文件。记录是学校教育质量水平和组织管理中各项活动结果的反映。记录的种类包括原始记录、统计报表、工作表格、报告等。

按照 ISO 29990 标准,制定符合院校自身特点的质量体系文件是系统运行的保证。在编写质量体系文件时应注意:

(1)运用一系列的文件实施质量体系的运行和管理是 ISO 29990 标准的一大特点。如何科学合理地确定编制文件的多少、文件内容的繁简常常是质量体系构建时遇到的最主要问题。文件太多太细,不仅浪费人力物力,而且会使体系运行难度加大,甚至有可能难以推行,使质量体系缺乏可操作性和必要的灵活性;但如果文件太少或管理环节缺失,也使质量管理有可能缺失监管环节,难以体现全面性。

(2)在编写文件时除标准要求的质量方针、质量目标、质量手册、对照设计的要素所需要的程序文件和相关质量记录以外,质量体系文件数量和详略程度取决于各自院校针对自身教学环节的分析与日常管理,应是在现行教学、教学管理的实际情况基础上加以判断和分析,对照 ISO 29990 条款进行合理设计。其原则是在不影响教育质量和质量体系有效运行的前提下,文件应尽可能少,尽可能简单明了。在质量体系运行中也会有某些影响教育质量的问题反复出现,则需修改补充相关规定,甚至增加新的质量体系文件。

(3)质量体系文件的编制应充分在院校内或体系项目推进小组中取得共识。所有涉及的人员都应认识到体系运行是需要每一个人员都按照体系要求做到的。凡是体系中写到的，都必须能够做到，并以记录为证。使每项工作文件化，每个环节都进入质量体系的监督范围。

（4）文件编制的原则。明确文件的编写要求，每一个细节都是ISO 29990关注的重点，决定着体系能否高质量运行的关键。

把握文件编写的基本原则，是提高文件质量的保证。一是法规性原则。凡是 ISO 29990 体系中涉及的文件，都要经过学校一定层级的正式批准、发布后实施。二是更改要按规定的程序执行。如文件修订的程序、版本的更新，它管理运行和各项评价活动的依据和准则。三是系统性原则。各层次之间的文件应分布合理，相互促进、相互协调，避免有文件内容之间相互矛盾或不清的地方。四是文件之间的支持关系是否清晰。各层次文件本身内部的协调（目标具体、职责明确、过程有序、方法有效）、不同层次文件之间的协调（文件之间的接口和相容性）。最重要的是文件一定要具备可操作性。制定的文件应符合学校的客观实际，具有可操作性，否则体系将是空中楼阁，难以实际运行。即做到"写你所做，做你所写"，使文件与本校的特点和实际相适应，应以能有效指导实际工作为准。

另外文件的详略程度和数量取决于学校的实际情况和体系构建人员对 ISO 29990 的认识程度和能力。注意要将学校已有的良好的管理工作和做法纳入现有的文件体系中，改进和补充完善 ISO 29990 标准体系的规范和好的理念和做法。文件明确各项活动和过程必须具有严格的确定性（明确规定何时、何地、做什么、由谁来做、依据什么文件做、怎样做、保留什么记录）、应考虑权力的制衡（既不能存在职能接口断档或混乱失控，也不能权力过分集中）、建立有效的监督机制，在体系出现偏差时能够得到及时的纠正和合理的处置。

文件制定更要体现引入 ISO 29990 标准体系国际化的创新性和规范性。文件与体系构建，要结合本组织的具体实际和需要，体现院校自身的特色；管理方法和手段上要创新，将动态的管理过程与改进的机会与方法体现到文件中，以便调整相应的控制方法和力度，确保管理体系的持续改进。

2. 作业文件

作业文件指为了控制过程活动、保证活动的质量而制定的具体管理制度、管理办法等指导性文件，是指导保证过程质量的最基础的文件和为开展纯技术性质量活动提供指导，是质量管理体系程序文件的支持性文件。

（1）提高工作质量。作业文件对工作细节做了详细的规定，特别是对于那些科研开发、作业复杂的工作，对其提高工作质量很有成效。它可以帮助工作人员一步一步地按照工作要求去完成作业，然后通过质量记录，对工作过程进行必要的控制和鉴证。

（2）为管理层提供必要的质量信息。作业文件明确地规定了完成某项工作或作业所必须填写的质量记录。这样，就可以通过工作文件去检查原始记录，为管理层提供必要的质量信息，以便及时地发现存在的问题，采取有效的纠正措施。

（3）作业文件的内容。由于作业文件是现场工作过程中应用的文件，具有很强的针对性，所以利用作业文件对在岗的员工进行培训，常会取得良好的效果。尤其对新上岗员工进行培训，可以尽快地帮助他们熟悉工作，提高其素质。作业文件一般含有以下内容：目的：该文件实施的目的和用途；范围：该作业文件的适用范围；职责：确定归口管理部门、相关部门和具体实施责任人；内容：按活动项目和管理要求进行描述，包括使用的设备、材料、标准、具体的方法及记录的要求等，对需要确定的服务流程要明确化，尽量使用流程图；相关的文件和记录。

3. 记录

记录是信息管理的重要内容，是记载各种工作情况和结果的文件，是管理活动及服务质量是否符合要求的客观证据，是组织质量保证的证实性文件。ISO 29990体系所执行的内部审核和外部审核，包括教育部所进行的职业院校人才培养或教学质量评估都把记录作为客观证据所要求。它是服务标识和达到可追溯性要求的依据，有时甚至还被用作法律上的证据。在教学管理中，记录的种类繁多，如教师教学记录、教师教研活动记录、教学会议记录、教学仪器设备使用记录、学生考勤等，都应在体系中规定记录人、保存人、保存时限等。

在文件系统的记录制定中，应明确：①哪些过程需要记录，记录工作由哪些部门或人员负责；②记录如何使用编码、编号；③记录的保存层级、期限；④各项活动考虑教育服务的周期，以便今后追溯。

在记录中利用好表格的设计是记录痕迹的重要内容。

（四）文件编写过程中的要求

（1）积极对管理体系的适用范围进行扩展，实施质量的一体化管理。具体表现：对原有制度文件进行整理和完善，理顺教育观念、组织机构及岗位职责，原有管理中的文件、制度，采取增、删、整、改的方式，将其纳入新体系，形成一套完整的管理系统。

（2）文件编制的重点应着眼于关键过程、容易发生问题的过程；文件不在于多，在于能够对过程实施有效控制，并应联系实际具有可操作性。

（3）进一步改进管理文件，提高文件的符合性、有效性和适用性。具体表现：在实践中对文件不断修订，学校应按照 ISO 29990 体系的持续改进理念明确要求各部门在工作中，注意文件的实际使用情况，如果发现有不合适、无法操作、与实际情况相差甚远的情况，及时反馈，集中统一修订。

（4）制度的严肃性、法律性。每个管理文件出台时一定要经过论证和学校领导签署，正式发文。一旦制定就要坚决执行。编写文件各部门对自己的工作进行设计，形成文件或规章制度；对原有的规章制度进行梳理，形成动态管理和完善机制；文件制定应根据上级政策、法规来制定（文件制定的前提），要符合本校实际情况，具有可操作性，能够有效地对工作起指导和规范作用；讲究工作效率；制定制度时要广泛征求教职工意见，站在全校的角度制订，经正式审批后颁布执行。

第二节　ISO 29990 国外应用案例

ISO 29990 在 2010 年推出后，教育领域终于有了自身的质量管理体系标准，对于推动职业教育质量提升和国际教育服务贸易发展无疑起到了巨大的推动作用。因此，自 2010 年起，ISO 29990 质量管理标准在国际上很多国家迅速得到应用和推广，其中其发源地德国无疑走在了前面。

一、德国柏林 Charite 医学院

德国第一家通过 ISO 29990 认证的是德国柏林 Charite 医学院[①]，后陆续

---

① 资料来源：http://akademie.charite.de/ueber_uns/qualitaetsmangement/.

有 TAZ GmbH - 多特蒙德的技术培训中心[①]、荷兰的希森美康学院[②]等，目前在德国已达 500 多家院校和培训机构通过 ISO 29990 标准体系认证。

柏林 Charite 医学院是一所大型的公共机构，年营业额达 10 亿欧元。到 2010 年其已有 300 年历史。医学院的发展宗旨：作为国际领先的医学院之一；学院定位为现代先进的医疗机构，作为提供全面医疗服务的国际化标准，与国家和国际现代的医疗市场保持紧密合作。

医学院共有 107 间诊所（归纳为 17 个 Charite 中心）、3 213 张病床；有 14 500 名雇员，包括 3 750 名科学家和医生、4 228 名护士和护理人员、746 名管理人员、250 名教授和 7 265 名学生。

柏林 Charite 医学院在教育服务领域主要提供教育、培训和再培训医疗专业人员，服务于 Charite 医学院的工作人员、外部参与者的伙伴机构以及不断发展的国际化教育。其提供的课程有健康与医疗保健和儿科护理、膳食助理、助产、物理治疗；提供的专题培训有通信与方法技巧、法律与道德、教师培训/教育、资讯科技及电脑等。

柏林 Charite 医学院按照 ISO 29990 标准体系构建了与质量管理体系及业务相关的教育和培训的质量管理阶段模型，起草了与医学院管理特点相融合的符合 ISO 29990 标准的质量管理文件体系，并通过了审核专家的评审。

第一阶段审核内容有：文件化的（质量）管理体系（4.1）、符合 ISO 29990 的程序文件与其应用（4.1）、经营计划书（4.2）、有关管理评审的文件和记录（4.3）、有效的财务管理体系证据（文件）（4.5）、有效的风险管理体系证据（文件）（4.5）、提供资源的检查（4.8）、关于内部审核文件的记录（4.9）。

第一阶段审核结果，没有不符合项。但提出了一个潜在的改善机会——关于教师能力的评价（4.6.2）。在进行完善后，第二阶段审核顺利通过。并对医学院在例如财务管理（4.5）方面提出肯定，在改进意见方面指出：不同的改善机会，应该为学生的表现订立更清晰的标准；应考虑到现实对客户满意度数据的统一评估程序（3.5.3）；为纠正和预防措施的分类规则应该更

[①] 资料来源：http://www.fernlehrgang-hauswirtschaft.de/compass/zertifizierung_iso29990.php.

[②] 资料来源：http://www.sysmex.nl.

精确地制定（4.4）；风险管理系统的介绍有待提高（4.5）；教学人员的教学方法和能力（包括医疗）应阐明清楚；探访的内容和标准应阐明清楚（4.6.2）。

Charite 医学院由于有长期的办学基础，实力雄厚，管理规范。因此，在通过 ISO 29990 认证的过程中较为顺利，为学院进一步提升医疗水平和影响发挥了极大的推动作用。

二、A.M.M.职业培训机构

A.M.M. 是一家位于德国的信息技术与多媒体制作职业培训机构。主要提供多媒体、商业与沟通技巧的课程培训。课程项目包括宣传片、广告、电影的制作。其主要客户为 SIEMENS AG（西门子公司，是世界上最大的电气和电子公司之一，历经 150 年长盛不衰，其营业收入在 2003 年位列财富 500 强第 21 位，在电子电气类公司中更是名列榜首）、SIEMAG（德国西马格有限公司，是一家在设计和设备制造领域上实现国际化运作的集团公司，公司向钢铁、铝和有色金属行业提供量身定做的物流方案并在世界范围内提供高品质的仓库、输送设备、包装和修磨机系统）、ABB［ABB 集团（阿西布朗勃法瑞）于 1988 年由瑞典 ASEA 公司和瑞士 BBC Brown Boveri Ltd. 合并而成，是一家业务遍及全球的电气工程集团，ABB 是电力和自动化技术领域的全球领先公司，ABB 集团的业务遍布全球 100 多个国家，拥有 107 000 名员工，为全球 100 多个国家的顾客提供服务］、Das Kann Bank 等大型跨国企业。为提升服务水平和质量，在 2014 年 9 月 15—16 日认证 ISO 29990 标准体系。

在构建 ISO 29990 体系时，A.M.M. 制定的企业使命声明是：① 愿景：我们希望我们在媒体制作和教育的服务方面，能够在区域市场上成为领先的公司；我们遵循客户是公司一切服务活动中心的原则，以完全满足客户的要求和需求为前提。② 企业方针：我们不断地吸收新的客户；用最好的服务，使我们成为在该地区最令人满意的相关教育服务提供者；为了客户而不断提高我们的服务能力。③ 战略业务目标：通过服务的个性化发展；搭建一个高于平均水平的客户满意度平台；尊重传统和创新相结合的优质教育机构。

A.M.M. 职业培训机构：学习和公平待遇的价值。A.M.M. 的首要原则是学习服务以客户为导向。学习服务应给予客户成功事业上最大的帮助，因此这需要高品质的学习服务。

行动方针：大家只要尊重自由、公平和睦的标准，可以在 A.M.M. 学习；在 A.M.M. 是没有例外的；欢迎有兴趣的个体或客户加入培训机构，没有地域限制。

A.M.M. 通过构建 ISO 质量体系，加强管理评审的输入、内部审核的结果、有关各方的反馈（研讨会、评估、建议、投诉）的应用与改进。使评价结果及其分析工作人员的反馈（建议、投诉、分析）、过程表现和遵从规划上和客户需求的服务（在规划文件的基础上验证课程的质量）、预防和纠正措施的状况能够在不断的循环中加以应用，并关注以往管理评审的状况和跟踪改进情况。

通过利益相关方分析，A.M.M. 加强了市场分析对教育服务的开发帮助。调查发现，通过 ISO 29990 的体系规范，A.M.M. 对企业的影响反映在德国的培训比例上升，营造了非常浓厚的商业氛围；通过整合相关学习服务内容，满足了个人的需求；完全个性化的要求（定制）。通过 ISO 29990 体系认证，A.M.M. 提升了新的规划的内容和发展目标，市场竞争能力显著增强。通过 ISO 29990 体系建设，A.M.M. 观察到，学员对于培训的结构由于欧盟内部一体化的发展，提出了很多新的要求，如语言的学习，文化的了解，不同国家就业制度的学习等，使得 A.M.M. 的教育品牌影响力、培训质量品质得到更广泛的认可。

通过 ISO 29990 体系建设，A.M.M. 的内部教学流程得以完善，更加透明。学员可在学习培训前了解学习的时段安排、内容、教师简介、实习场所；教学管理透明化，教员教学内容分工明确，交流项目的增加使得教员职业感普遍增强，专业能力提升得到保障，增强了教职员的满意度和归属感。大量国际化教员和职业人才被吸引进来。

通过 ISO 29990 认证，使得 A.M.M. 在欧盟和国际上的品质得到认可，国际客户和国际化教员对 A.M.M. 的信心增强，A.M.M. 成为国际上认可资格的专业领域学院，也符合德国政府所提倡的国际化职业教育政策。

第三节 ISO 29990 质量管理标准国内应用案例

中山火炬职业技术学院 2004 年诞生于中山火炬高技术产业开发区，学院办学者以创新作为学院发展的灵魂。建院初就提出了"高、新、精"的办学理念（现在已发展为"高、新、特、精"）。其中"新"就是创新。在学院办学历程中，创新成为引领学院发展的主旋律。学院办学刚满 5 年，其在校企合作中的探索就在全国高职领域产生广泛影响。"中山火炬模式"成为全国高职领域改革创新的一面旗帜，也成为最年轻的国家示范（骨干）高职院校（2010 年立项）。

2012 年，学院职业教育培训考察班赴德国参加职业教育培训与学习。当时，ISO 29990 质量管理体系诞生才两年时间，在德国培训班中，ISO 29990 质量管理体系作为培训学习内容使学院参加培训的骨干教师得以了解和学习。

经过培训，学院教师对 ISO 29990 体系特点、管理理念、方法、体系有了更加深入的了解，学院也将其作为进一步创新和提升管理水平的切入点，并在申办国家骨干院校建设方案中将 ISO 29990 质量标准体系作为建设内容予以写入。经过两年的考察，学院认为，该体系体现了以德国为代表的欧洲职业教育质量管理的先进理念，学院 2014 年决定引进 ISO 29990 质量标准体系并试点建设。

到 2016 年，该标准体系问世只有短短的 6 年时间，但已在德国等国家得到快速应用发展，到目前为止，中山火炬职业技术学院作为中国国内第一家引入该标准体系的职业院校，将其作为与国际接轨、提升学院教学质量管理的重要手段。

一、成立 ISO 29990 管理体系建设组织机构

按照 ISO 29990 的标准建设要求，学院成立了 ISO 29990 国际职业教育质量管理体系项目建设领导小组；并按照项目建设的有关规范要求，成立了项目推进工作组：项目最高管理者代表由学院主要领导担任，项目最高执行代表由学院副院长担任，项目管理代表由学院主要职能部门和系负责人担任，学院相

关主要职能部门负责人和有关专业系的教师为项目推进小组成员。

推进小组以 ISO 29990 体系条款为参考，明确以上机构的人员职责。项目最高管理者代表和最高执行代表，领导整体项目的建设，项目管理代表受项目最高管理者代表和最高执行代表的委托，负责项目建设的日常管理工作，负责组织相关会议、组织文件起草、管理评审等。项目推进小组负责组织相关职能部门、系、专业教师制定体系文件、组织内部研讨、组织内部审核会议，参与管理评审会议。在构建体系的过程中，推进小组机构能够顺畅运行。

二、确定质量方针，建立质量目标，明确管理要求

质量方针是学院按照 ISO 29990 的理念建立质量体系、达到教育服务目标而设立的指导思想，反映了学院领导层和全体教师职工的对现代质量管理所具备的观念和追求。

学院确定的质量方针遵循"高、精、特、新"的办学理念，办特色鲜明、质量一流的高职院校；树立"立德、明志、精业、唯新"的育人观念，帮助每一个学生成才；通过不断改善，保证学生、社会用人单位满意；及时和亲切地回应各界咨询。所有中山火炬职业技术学院员工必须理解质量方针，并尽全力达到要求。

质量目标与使命：学院确立"高（高素质人才）、特（特色）、新（创新）、精（精品）"的办学理念。高：培养高素质技术技能型人才；特：立足园区，构建"三位合一"管理平台，探索校企融合的"火炬模式"；新：推行实战化教学，不断创新人才培养模式；精：以内涵和质量求发展，办精品专业，建精品课程，规模适度，特色鲜明。人才培养目标：培养完整人格、迁移能力强、可持续发展的高级技能型专门人才。力求使每一个进入中山火炬职业技术学院的学子能够学业有成，立足社会，使社会用人单位满意。具体指标如下：

（1）院校各项制度的制定及实施与国家法律法规、上级主管部门相关规定相符合。

（2）师资和管理队伍整体素质与结构符合学院"十三五"发展规划要求。

（3）教育教学经费满足率≥98%。

（4）教育教学服务设施满足率100%。

管理要求：是为保证质量方针和质量目标的实现，明确提出的按照ISO 29990应该达到的管理条款要求。

中山火炬职业技术学院通过如下方式提供其建立、实施质量管理体系及对其有效性的持续改进的证据：①将满足学生的学习愿望和要求，及国家有关教育法律法规要求的重要性作为学院要求向员工传达；②制定手册1.0节描述的质量方针；③建立质量目标并分解至各职能部门；④实施管理评审；⑤保证获得充足的资源。

以相关方为关注焦点：中山火炬职业技术学院以增强学生的学习愿望和要求为目的，确保学生和用人单位的要求得到确定并予以满足。符合中山火炬职业技术学院的教学宗旨，包含对满足要求及质量管理体系有效性的持续改进的承诺，提供学习服务及评审质量目标的框架，在学院内传达、沟通并被理解，其持续适宜性得到评审。

中山火炬职业技术学院应保证质量目标包含符合国家法律法规和骨干院校达标要求的精神，满足学生和用人单位所需的内容，在学院的相应系部或管理层予以建立。目标应可测量并和质量方针保持一致。质量目标的达成状况及指标应在管理评审会议上进行评审和修订。

通过这些要求的表达和落实，使整个质量管理工作形成完整体系，确保质量方针和质量目标的实现。

三、构建 ISO 29990 质量管理体系

中山火炬职业技术学院在按照 ISO 29990 标准构建教学质量管理体系时，充分遵循了以下原则和要素。

（1）最大限度地遵从 ISO 29990 的质量标准条款。作为国际化公认的职业教育质量管理标准，ISO 29990 有它深刻的理念和内涵，需要认真学习和细心体会其条款，从解读中科学地设计自身的体系框架。

（2）全面分析学院自身的办学与教学管理特点。学院处于高新技术产业开发区，办学当中提出的"院园融合"的校企合作理念，在学院办学的各个

层面得到深入落实。学院与企业多方位合作办学,教学管理已延伸至校外,且所占比例较大。企业技术人员参与学院教学、课程开发、技术研发、项目申报等工作,因此,在体系构建与管理设计中充分考虑了合作办学方和各利益相关方的因素。

(3) 与学院内部机构设置与管理职责相衔接。ISO 29990 条款所涉及的管理内容与现有管理机构在职责中的内容有交叉,有些内容还存在缺失和不足。体系构建并不影响学院现有机构设置,而是成立专门机构,如管理者代表、项目推进小组去协调项目建设与体系构建中的问题。根据条款要求,在体系设计上完善现有职能部门的管理职责,使体系在这个运行环境中,各职能部门职责清晰、管理环节衔接完备。

(4) 注重在体系构建中提升管理理念和水平。通过全院学习和熟悉,通过推进小组多次的专项培训,逐步在学院内形成了 ISO 管理体系的理念和概念,主要骨干力量逐步掌握了 ISO 29990 体系的主要内涵和框架内容。在体系标准与学院部门对接过程中,会出现与现有管理不相符的地方,这时,就要以 ISO 29990 的标准来规范现有管理,提升管理质量,这就是学院教学管理环节的完善和管理水平提升的过程。

(5) 把握好规范与灵活的关系。ISO 29990 标准体系以简练的语言定义了 LSP 的最低要求。满足这些要求,就可以达到一定的质量水平。同时它也强调两点:一是过度规范反而会起到反作用,使体系(组织)运行烦琐、僵化而缺乏可操作性;二是 ISO 299900 标准体系有很大的机动性,可以根据 LSP 的具体要求,附加质量条件。

根据以上原则,我们建立了与学院职能部门职责相对应的学院质量管理文件系统和体系文件系统内容,主要有质量手册、程序控制程序、记录控制程序、内部审核程序、文件清单等。

(一) 文件系统开发

文件系统开发是在充分分析学院现有管理现状的基础上,依据 ISO 29990 标准体系的条款和标准要求,由学院管理代表组织,经过 3 个多月与学院各职能部门、系、专业对现有管理制度、文件进行梳理,按照 PDCA 管理循环,同时参考管理的 8 项原则进行系统设计,确定了以下主要文件内容,见表 5-1。

表 5-1 系统设计主要内容

序号	主程序文件	数据/表格	负责人	条款
1	质量手册（QM）	管理公告 负责质量管理人员的分配 商业计划书 组织结构图 过程相关图 工作说明 使命陈述 SWOT 分析	管理代表	4.1 4.2
2	学习服务需求的评审程序	所有有关法律和合同规定的概述 教育需求分析"专业名称"	系	3.1
3	学习服务的开发程序	课程矩阵（学习需要矩阵、资历矩阵、能力发展矩阵） 资格矩阵"合作伙伴名称" 课程"专业名称"	系	3.2
4	学习服务的提供程序	课程名录，"专业名称" 服务合同 服务条款 执行计划"专业名称"	系	3.3
5	学习服务提供的监测程序	专业教学监控方案 学习反馈处理程序	系	3.4
6	学习服务实施的评价程序	数据的访问控制机制	系	3.5
7	文件控制程序	文件清单 资料文件的评价矩阵"专业名称"	文控中心	4.1
8	记录控制程序	记录清单	文控中心	4.1
9	管理评审程序	管理评价	管理代表	4.3

续上表

序号	主程序文件	数据/表格	负责人	条款
10	错误检测和错误处理程序	错误检测方案 错误处理程序	质量监控办公室	4.4
11	预防措施和纠正措施程序	预防措施与纠正管理程序	质量监控办公室	4.4
12	内部审核程序	审核检查清单 审核协议 审核报告	管理者代表	4.9
13	投诉管理程序	投诉的渠道与处理反馈制度	办公室	4.10
14	财务管理程序	财务管理程序	财务处	4.5
15	风险管理程序	风险管理矩阵	办公室	4.5
16	人力资源管理程序	能力发展矩阵 绩效考核文件	组织人事处	4.6
17	沟通管理程序	沟通矩阵 内部沟通文件	办公室	4.7
18	资源管理程序	教学环境保障制度 实践教学管理 设备运行记录 教学场所设备与信息	总务处 实训中心 教学系 现代教育技术中心	4.8

（二）学习服务的开发与设计

学习服务是 ISO 29990 中最核心的条款，也是教育服务提供者最重要的服务内容。因此，学习服务的开发是整个体系中最重要的内容。学院在学习服务开发中，以学生为中心，以服务学生学习愿望、按照用人单位需求培养地方经济发展高技术技能人才，并关注其他利益相关方的要求为目标，作为学习服务设计的输入而进行。

1. 学习需求的确定

按照 ISO 29990 和现代职业教育的理念，职业教育的客户是：学生（受教育者和学费缴纳者）、用人单位（间接的投资方和主要用人客户）、政府（办学资金的投入方）、家长（间接的利益相关方）、利益相关方还有学校教师，他们也是办学的相关利益群体。

学院针对利益相关方开展调研，重点落脚在学生入学时的学业基础调研、企业用人单位对毕业生的岗位职业能力要求、学生和家长对于学习的期望和未来工作的期望、国家对高职教育的要求、地方经济发展对学校的期望、学院教师对教学及专业发展的要求等方面。在制定课程体系、教学内容时还参考了国家和地方有关职业教育的政策和法规，相关行业职业资格的取得条件以及企业的合作条款等。确保以上信息都在体系中有明确的规定文件可供执行，有记录文件的要求可供查询。

2. 学习服务的设计

学习服务设计，在中国职业教育院校中主要体现为人才培养方案（课程体系）、课程内容、实践教学内容设计等。学院按照 ISO 29990 的要求，主要从以下方面规范了学习服务设计：一是以国家关于职业教育、高等职业教育的政策文件为指导，提出制定人才培养方案的指导意见。二是根据行业企业调研、相关职业资格证书或技能证书来确定专业岗位职业能力和专业核心课程；结合毕业生对课程的反馈信息，结合职业资格证书，对课程体系进行设计；根据职业岗位要求开发 5~7 门专业核心课程。三是根据学生、家长的学习愿望确定专业选修课程、公共选修调课程。四是根据合作企业的条件，确定校外实践教学的内容，根据企业对现代人才的综合素质要求，确定其他选修类课程。通过以上综合设计，新的课程体系内容较好地满足了所有利益相关方的诉求。课程体系设计完成后，与各利益相关方进行沟通，充分听取各方意见，作为后续修订人才培养方案、课程体系的依据。

3. 学习服务的提供

现代职业教育的理念认为，职业教育的产品就是为学生提供优质的课程和实践教学内容，而按照 ISO 29990 循环管理 PDCA 的要求，学习服务的提供就是系统在提供的教学服务上，不断接收来自各方面的反馈，不断循环改进，使提供的课程等服务产品保持高质量水平。

学院在构建 ISO 29990 标准体系文件系统中，明确界定了学习服务提供的要求和监测与改进措施。一是制定了高水平专兼结合教师队伍的要求，形成了专业理论课主要由专职教师承担、专业技能课和专业实践课主要由兼职教师承担的教学任务管理办法，制定了 ISO 29990 体系下的教师教学管理制度；二是借鉴德国职业院校实训室管理规范化要求，建设高水平的专业实训室和实践基地，制定建设与管理规范；三是全院所有教室都安装多媒体设备；四是每个学生都能在入学时通过纸质或其他媒介随时了解到专业教学计划和课程内容，建立各专业核心课程网站；五是推进小组定期进行内部审核，确保所有学习资源的可用性。

4. 学习服务交付监测

项目管理代表组织推进小组进行学习服务与培养目标的符合性论证，以保证质量管理体系的符合性和实施质量管理体系有效性的改进。在分析这种论证时，利用统计技术，如趋势图、柏拉图分析、因果分析图技术手段等。

学习服务的监视和测量。学生及用人单位满意是职业院校办学的最终目标。项目最高管理者代表能够掌握调查提供服务的质量方面，如学生、社会用人单位满意和不满意的程度。项目最高管理者代表通过满意调查问卷来监视、测量教学服务，相关方满意度调查可证明服务满足计划要求的能力。当服务的结果为不满意时，及时采取适当的纠正措施。

利益相关方的反馈。学院、教学系和质量监督办公室通过了解学院教学用到的系统，利用这些系统去收集利益相关方对提供的学习服务的反馈，并用于分析学院对利益相关方所反映信息的应对策略，及时地回应，并适时地实施相关对策。

学院作为学习服务提供者，已建有到位的系统处理投诉，并将此通告利益相关方。

职责：学院质量监控办、各系部。

制定的管理程序有学习服务提供的监测程序（ZSSP – A – 04/ ZSSP – E – 04）、预防措施和纠正措施程序（ZSSP – 04）。

内部审核程序：学院通过对内部质量进行审核来评审质量管理体系的有效性，通过建立内部质量审核程序以保证质量管理体系有效地保持在理想的质量水平上。内部质量审核每年一次。审核方案以被审核过程和区域的重要性，及以往审核结果为基础进行策划。审核方案一般覆盖所有的过程，至少以 36 个月为一周期。

审核和跟踪活动都按程序执行。实施内部审核时，ISO 29990 标准体系相关要素列为主要目标。审核结果文件化，并引起被审员工的重视并予以改善，负责人员对审核发现的问题及时采取措施。

主任审核员准备内部审核日程及计划并将其发送至相关部门，另外还要发送审核报告。

（1）职责。

管理者代表—主任评审员—审核员—被审核方。

（2）参考程序。

内部审核程序（ZSSP-09）—预防措施和纠正措施程序（ZSSP-04）。

5. 学习服务实施的评价

（1）目的：最高管理者代表应对学习服务实施的结果进行评价，以验证学习服务与培养目标的适应性。学习结果的分析应在每学期结束后两周内进行。

（2）职责。

专业课成绩分析—系—实践教学成绩与技能分析—系—公共课成绩分析—教务处。

（3）参考文件。

学习服务实施的评价程序（ZSSP-A-05/ZSSP-E-05）。

6. 不及格学生的处理和管理办法

目的：教务处应保证学习成绩不合格或不符合学籍管理而不能毕业的学生按照管理规定执行。

7. 学习服务实施的评价程序

对学习服务的评价应是多环节的。应覆盖从招生到教学方案制定、学习成绩考核、就业等人才培养全过程，评价的方式应多样并吸收各利益相关方案参与，保持沟通和信息畅通。

（三）构建 ISO 标准质量管理流程文件

1. 文件系统

按照 ISO 的理念、标准要求，学院完成了 PDCA 系统循环设计，起草制定了学院 ISO 29990 标准体系文件，包括文件控制程序、记录控制程序、内部审核程序、管理评审程序、预防与纠正措施程序、人力资源管理、学习资源管理、财务与风险管理、沟通管理程序，等等。

质量手册明确了系统运行所应该制定的文件种类和数量、制定的部门、修订的方法、过期文件的处理等一系列具体的操作规程。使得学院建立符合 ISO 29990：2010 标准的质量管理体系，形成文件有效实施和保持，并持续改进其有效性。文件制定达到如下管理规范要求。

（1）识别质量管理体系需要的过程及其应用。

（2）确定这些过程的顺序及其相互关系。

（3）确定所需准则和方法来保证过程的运行和控制是有效的。

（4）确保必要的资源和资讯来支援过程的运行和监视。

（5）监视、测量和分析这些过程。

（6）实施必要的措施，以实现对这些过程策划的结果和对这些过程的持续改进。

在体系文件中，对学院选择的合作办学单位（如行业、企业）等，文件赋予管理者代表应确保对其实施控制。合作单位的管理控制在"合作办学"中得到明确规定，以确保合作办学的有效性。学院制定的文件代码与 ISO 29990 文件体系对照如表 5 – 2 所示。

表 5 – 2　学院制定的文件代码与 ISO 29990 文件体系对照

ISO 29990 条款		参考文件
3.1.1	概述	ZSSP – A – 01/ ZSSP – E – 01
3.1.2	利益相关方的需求	ZSSP – A – 01/ ZSSP – E – 01
3.1.3	学习内容和过程	ZSSP – A – 01/ ZSSP – E – 01
3.2.1	规范学习服务的目的和范围	ZSSP – A – 02/ ZSSP – E – 02
3.2.2	规范学习应用的支持和监测的方法	ZSSP – A – 02/ ZSSP – E – 02
3.2.3	课程规划	ZSSP – A – 02/ ZSSP – E – 02
3.3.1	信息和引导	ZSSP – A – 03/ ZSSP – E – 03
3.3.2	确保学习资源提供的可用性和可访问性	ZSSP – A – 03/ ZSSP – E – 03
3.3.3	学习环境	ZSSP – A – 03/ ZSSP – E – 03
3.4	学习服务交付的监测	ZSSP – A – 04/ ZSSP – E – 04
3.5.1	评价目标和范围	ZSSP – A – 05/ ZSSP – E – 05
3.5.2	学习的评价	ZSSP – A – 05/ ZSSP – E – 05

续上表

ISO 29990 条款		参考文件
3.5.3	学习服务的评价	ZSSP – A – 05/ ZSSP – E – 05
4.1	管理的基本要求	ZSQM – 01/ ZSSP – 01/ ZSSP – 02
4.2	战略和经营管理	ZSQM – 01
4.3	管理评审	ZSSP – 03
4.4	预防措施和纠正措施	ZSSP – 04
4.5	财务管理和风险管理	ZSSP – 05/ ZSSP – 11
4.6.1	学习服务提供者的工作人员和合作者的能力	ZSSP – 06
4.6.2	学习服务提供者能力、绩效管理及专业发展的评估	ZSSP – 06
4.7	沟通管理（内部/外部）	ZSSP – 07
4.8	资源的分配	ZSSP – 08
4.9	内部审核	ZSSP – 09
4.10	利益相关方的反馈	ZSSP – 10

2. 记录控制程序

落实质量管理各项要求：系统化的管理要求，需要系统、规范的工作程序予以保障和落实。针对《质量管理手册》中的各项要求，学院按照ISO 29990条款，结合学院实际编写了260多个工作规程和质量控制文件，汇集形成《中山火炬职业技术学院 ISO 29990 质量管理体系》，并将主要工作需要备查的内容作为院级记录列于文件中，确定了记录负责的部门、保存的期限。以下为学院管理层面的主要记录，见表5－3。

表5－3 学院管理层面主要记录

教学质量记录	存档记录	保存期（不小于/年）（以法定期限要求为准）
管理评审记录	管理者代表	2
专业调研资料与分析	系	2
人才岗位能力调研与分析	系	2

续上表

教学质量记录	存档记录	保存期（不小于/年）（以法定期限要求为准）
课程研讨与开发	系	2
日常教学管理	系	2
教学教研会议	系	2
实践教学安排与调整记录	系	2
学生管理相关记录	系	3
教材开发与选择	系	3
教学调查情况统计（系级）	系	2
文件发放归档记录	学院办	3
发展规划调研记录	学院办	3
教师进修记录	人事处	5
教师技能提升与培训记录	人事处	5
教师职称变动记录	人事处	5
兼职教师记录（库，按学期）	人事处	1
教师奖惩记录	人事处	5
年度考核	人事处	5
人才培养方案审核批准记录	教务处	2
课程评审记录	教务处	2
教学文件发放记录（课程等）	教务处	2
教师调课及批准记录	教务处	1
教学巡查及听课记录	教务处	1
考试安排记录	教务处	1
学生成绩统计表	教务处	3
教学会议及改进工作会议记录	教务处	2

四、ISO 29990 质量管理体系运行与持续改进

1. 学习服务的反馈与监测

按照 ISO 29990 条款要求，学院建立与利益相关方（学生、用人单位、上级政府、家长、教师）的沟通机制，制定了相关的制度和人员职责，定期与各方沟通。通过这种机制，使他们的需求能够随时传达到项目推进小组中来，并通过项目推进小组传达到体系相关部门和系，通过体系的改进渠道和机制使学院教学服务提供能够及时得到改进，使利益相关方合理的需求得到满足。学院教育服务的目标是否达到，社会单位、学生、家长、企业对学院教育服务提供质量是否满意，是衡量学院办学质量的最重要参考。质量体系能否正常运行，利益相关方的参与者的配合与意见的反馈是非常重要的。基于以上两点，建立有效的沟通机制，是 ISO 体系当中非常重要的条款内容。

学院建立了各层面与服务对象的沟通交流渠道，制定了"电话沟通""信件、邮件沟通""面谈沟通"等工作规程，在学院对外网络的主页中，公布了所有负责部门的职责和联络方式，以便与服务对象沟通与联络。基于教育服务核心理念，学院对教育服务质量的评价，从过去局限在教师和学生内部，转变为面向所有服务对象，使开放式的教育服务管理体系中存在的漏洞，得到及时修正和完善。

学院 ISO 29990 体系的实施由项目最高管理者代表、项目最高执行代表领导，并委托项目管理者代表实施监视、测量、分析，并通过内部审核和管理评审形成持续改进的过程。

2. 内部审核与管理评审

学院每半年至少召开一次管理评审会议，每年召开一次内部评审会议（内部审核一般都邀请院外专家参与）。会议围绕质量体系运作的情形发现的问题、各教学部门反映的问题及利益相关方定期反馈及改进情况进行通报，对体系运行进行评审，各参加会议的代表在会上就本部门工作主题做报告，管理评审的计划在年度工作计划（发展规划）中体现。

管理评审会议针对下列事项进行必要的报告及评审，评审的主要内容如下。

（1）由管理者代表提出上一期评审会议决议事项及执行结果报告，并对

执行过程中的重大问题给予评审。

(2) 由管理者代表提出内部审核结果及改善报告,并对审核过程中的重大问题予以评审。

(3) 由学院办提出学生、用人单位及其他社会单位对学院有关教学质量投诉的情况。

(4) 对质量方针和目标的评审。由学院办提出质量目标的达成成效报告,并对未达成的质量目标予以评审。最高管理者代表对质量方针的适宜性进行分析报告。

(5) 由各部门负责人对重大质量异常及纠正与预防措施实施效果予以报告,会议进行评审。

(6) 由质量监控办公室对 ISO 29990:2010 的所有预防措施及改进要求实施予以评审并寻求改进机会。

(7) 由管理者代表提出质量系统执行及修正状况评审。

管理者代表视质量系统运作情况的需要,可在计划外召开临时性的管理评审会议。管理评审流程见表 5-4。

为确保"教学质量管理体系"有效地运行,学院在对全体教职工开展培训的基础上,组建质量管理体系内部审核小组,每学期对各个部门和工作岗位对工作规程与作业指导书的执行情况进行审核,对质量管理体系本身的充分性、有效性进行评审;对内部审核过程中发现的问题提出整改要求,实现"持续改进"和完善,形成了强有力的质量管理体系运行的监督保障机制。

3. 学习服务的持续改进

高等职业院校作为一个组织,其外部顾客即高职院校的职业教育服务对象,由职业教育的投入者、职业教育的(直接或间接)接受者以及其他利益相关者所组成的群体,即政府、学生、用人单位等。同时,一个规模较大的组织,在其内部成员之间也形成相互(互为顾客)"服务"关系,这种相互"服务"的质量,会直接或间接地反映到对外部顾客的服务质量中去。因此,在质量管理工作中,要同时关注内部和外部两方面的服务质量,即要同时追求内部顾客和外部顾客两者较高的满意度。学院在管理体系中,建立了顾客满意度测评与分析工作机制,每一学期都开展对各个部门、各个岗位服务质量的满意度测评,测评结果向部门领导反馈。学院和部门领导通过对满意度测评结果进行分析,找出影响服务质量的关键因素,进行资源调整、改进管理,以期进一步提高顾客的满意度,从而改进教育服务质量。

表5-4 管理评审流程图

流 程 图	责任部门	程序文件	使用表格	描 述
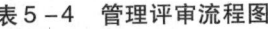	管理者代表			评审会议召开前,提前半个月下发会议通知,表明会议主题和准备事项
	各部门	《管理评审程序》	管理评审会议通知	各部门按照会议要求准备各种评审资料及证据。用适当分析方法(如统计技术)分析当前问题和改善建议,准时参加评审会议
	管理者代表	《纠错程序》	管理评审会议记录	会议后总结目前的主要问题和改善主题 安排会议记录人员负责会议记录
	管理者代表	《内部审核程序》	不符合项目报告	管理者代表提交本次会议的总结报告及行动计划
	项目最高代表			项目最高代表审批目前的改善主题 各部门执行改善活动
	管理者代表	《记录控制程序》		管理者代表按改善计划进行跟踪,验证其改善效果 按规定期限保存会议记录,不符合项报告,评审总结报告及验证资料

五、体系建设效果

在项目合作方的指导与帮助下,学院项目培训、文件起草、体系建设得以顺利开展,共完成培训 260 多个课时,交流辅导 50 多次。质量管理体系建设也借助了学院的国家骨干院校建设项目,并相辅相成,相互促进,成为学院骨干建设后一个新的创新点和教学管理水平提升的增长点。管理体系标准建设,学院共有 12 名教师获得国家注册质量管理体系审核员资格,并取得资格证书,35 名教师取得 ISO 29990 内审员资格证书。

2015 年 12 月 15—17 日,德国国际标准化组织教育服务技术委员会专家、德国标准化学会 DIN 教育服务委员会副主席、ISO 29990:2010 标准起草人、德国 DeuZert 认证机构审核专家 Mr. Jurgen Heene 以及相关技术人员,按照国际职业教育质量管理体系 ISO 29990 的标准条款与要求,对学院建立的 ISO 29990 质量管理体系方案及落实情况进行了全面细致的检查和审核。专家们重点深入到电子工程系、现代服务系,召开专题审核会议,对照质量管理体系标准,听取两系的方案建设与落实情况,核查了相关佐证材料,与两系教师进行了深入的交流。同时还深入到教务处等相关职能部门,并与体系建设主要相关职能部门人员召开审核会,逐一检查学院管理层面各个方面的质量管理条款运行机制的建立情况。

德国专家对学院管理层决定以面对市场竞争的思维,在中国率先采用和准备成为中国首个获得国际教育和培训 ISO 29990 标准认证的院校的努力和探索给予充分的肯定和赞赏。通过两天的调研,德国专家认为学院在理解 ISO 29990 管理理念方面比较到位、在按照 ISO 29990 的条款建立质量管理体系方面做了大量的工作,其中教学文件与资料齐全、教学环节控制方面做得较好;与 ISO 29990 标准进行对照分析,同时提出了改进意见。

中山火炬职业技术学院通过构建 ISO 29990 质量管理标准体系,无论在教育教学方面,还是在行政管理方面都发生了较大变化。

(一)教育服务理念贯穿学院人才培养全过程

通过构建 ISO 29990 质量管理体系,学院的办学指导思想发生了较大的变化。"教育服务"的理念已逐步树立起来,并深入到学院日常运行和人才培养全过程。体系建立和运行前，学院教育教学的主体意识较强，很多的事情都是学院做好决定再通知学生、家长及合作单位（如企业等），通过建立利益相关方沟通机制，学生、家长、企业可以定期反馈对学院在办学中的意见和要求，使得学院办学的观念从主体意识向服务意识转变。从招生到毕业的整体人才培养循环中，学院的教学和管理人员服务意识明显转变，从招生咨询、教学实施、社团活动、毕业实践到毕业生质量跟踪调查，每位教职工都把"服务育人"和"顾客满意为目标"变为工作的自觉行动，大大提高了学生、用人单位和社会的满意度。

（二）教学设计注入了质量观念

在学院长期的办学过程中，虽然建立了一定的管理制度，但管理方法与管理观念难以摆脱自身的观念局限，与先进职业教育理念与时代发展不相适应，有些教学设计往往以现有现状做决策基础，缺乏以学生为服务对象的理念，缺少科学性和自身改进机制。建立 ISO 29990 体系，带来了科学、有效的管理模式，通过运行质量管理体系，学校教学质量管理流程清晰，信息渠道畅通，评价与监控手段齐全，可操作性增强，可追溯的痕迹清晰可见；教学设计减少了人为的想当然，而是通过充分的市场调查、分析和论证的工作流程后做出，克服了盲目性，增加了科学性。

教学质量管理规范化。建立 ISO 29990 质量管理体系后，学院教学的各个环节实现了实施有依据、管理有制度、监控不遗漏、改进有措施。过程管理深入到教学的各个环节，强调过程管理和以文件形式对工作过程进行控制。学院建立和运行教育质量体系后，工作人员岗位职责明确，工作流程和接口清晰，教育教学的各个工作环节都得到了规范。各受控部门目标明确，职责清楚，质量意识深入人心，教职工的积极性、创造性得到了充分发挥。按程序办事、"无记录，无行为"的质量意识已成为广大教职工的工作习惯，大大减少了工作责、权不清的现象，也减少了工作的随意性，使工作效率明显提高。

体系建立前，学院在理论教学实施环节的质量管理上落实了很好的监控措施，但是实践教学实施环节没有很好地受到质量体系的监控，尤其是学生在校外实习实训过程，几乎完全游离于体系控制之外，实践教学质量难以控制，虽然这是职业院校普遍存在的教学管理难题，但学院已通过 ISO 29990 质量管理体系，初步解决了一管理空白。

（三）建立起了自身改进机制

学院在运行 ISO 29990 标准体系后，由于严格按照体系设计的环节要求进行管理，改变了以往传统的目标管理以事后检验控制为主，事前控制意识差，最后往往出现出了问题后头痛医头，脚痛医脚的局面。ISO 29990 管理体系帮助学院建立了教学检查与评估、管理评审、内部审核和纠正与预防措施等控制程序，明确提出了主动收集数据、主动分析、主动采取纠正与预防措施的工作要求，改进制度化，避免出现可以预见的不合格项，将可能出现的问题消除在萌芽之中，减少可能产生的不利影响。

这种持续改进已深入到学院人才培养工作的全过程，加强了对人才培养过程的控制。通过输入教师、教材、教学设施设备、办学经费、教育教学管理等有形资源与无形资源，并经过教师的教学和学生的学习，转化为学生知识、技能、综合素质提高等输出；从市场调研、专业设置开始，直到学生毕业教育及就业的全过程。因此，持续改进必须要贯穿人才培养工作全过程。只有使人才培养工作全过程中的各个环节得到与时俱进的改进、完善，才能保证人才培养质量得到全面提高，使培养的毕业生符合学生及其家长的期望，并充分满足用人单位和社会的需要。

保持持续改进的主要措施。一是加强管理评审工作，通过定期开展管理评审，研究体系存在的缺陷和不合格项的原因，制定持续改进的方式方法和具体计划。二是认真开展内外部审核工作，通过内部审核，严格查找不合格项和存在的缺陷，征求有关部门对体系运行的意见和建议；对定期开展的外部审核，妥善安排，充分准备，对查出的不合格项认真采取纠正与预防措施。三是加强质量管理队伍建设，持续的改进需要质量管理人员具有高度的责任感和不断更新的质量管理知识，学院不断充实、定期培训质量管理人员和内部审核员队伍，充分发挥其聪明才智。四是制定相应的奖惩制度，使投诉渠道畅通，对质量体系运行良好的部门、为质量体系持续改进积极献计献策的部门及个人进行表彰奖励，对存在严重不合格项和多个不合格项的部门、抵制与妨碍质量体系有效运行的部门及个人予以批评惩处。五是加强文件与资料控制，及时进行修订、完善和改版，保持质量体系文件的符合性。

通过 ISO 29990 族质量管理标准建立和运行教育质量管理体系，中山火炬职业技术学院的教育教学管理水平和人才培养的质量得到明显提高。

参考文献

[1] RAU T,HEENE J,KOITZ K,et al. Quality management for education and training:guidelines for the implementation of ISO 29990 [M]. Berlin:DIN Deutsches Institut für Normung e. V.,2011.

[2] 杨应崧. 高等职业院校评估方案解读与问答及实施细则汇编论 [M]. 北京:高等教育出版社,2010.

[3] 黄辉. 中等职业教育的昨天、今天和明天 [J]. 中国发展观察,2006(8).

[4] 陈效民,胡兰. 中等职业学校专业教学质量保障体系的构建:以上海中职学校为例 [J]. 职教论坛,2012(10).

[5] 苗喜荣,潘进,朱永红. 现代职业教育背景下中等职业学校构建质量管理体系的思考 [J]. 重庆工商大学学报(自然科学版),2015(7).

后 记

　　此书修订得到了中国教育发展战略学会的指导和帮助，得到了北京 AISO 教育认证服务有限公司专家的大力支持。本次修订第一章、第三章由吴俊强（中山火炬职业技术学院）完成，第二章由杨华（中山火炬职业技术学院）完成，第四章翻译与解读由吴琼（西北工业大学明德学院）完成，第五章由王丹丹（中山火炬职业技术学院）完成。本书所列案例，得到了北京 AISO 教育认证公司的张谨、TUV 南德的罗卫智等人的大力协助和众多职业院校教师的积极支持，在此表示感谢！

编　者

2019 年 5 月